WEISHEIT DES ZEN

*Wie man jeden Tag
mit einem Lächeln
beginnt*

TIMOTHY FREKE

O. W. BARTH

Aus dem Englischen
von Jochen Eggert

Die Originalausgabe erschien 1997 unter dem Titel «Zen Wisdom» bei
Thorsons, an imprint of HarperCollins Publishers, London.
Erste Auflage 1998
Copyright © 1997 by Godsfield Press, UK
Text: Copyright © 1997 by Timothy Freke
Picture research by Vanessa Fletcher
Alle deutschsprachigen Rechte beim Scherz Verlag, Bern, München, Wien,
für den Otto Wilhelm Barth Verlag
Alle Rechte der Verbreitung, auch durch Funk, Fernsehen,
fotomechanische Wiedergabe, Tonträger jeder Art und
auszugsweisen Nachdruck, sind vorbehalten.
Printed in Singapore

DIESES BUCH WIDME ICH
DEM NICHTS
UND ALL DEN NIEMANDEN,
DIE ES ENTHÄLT

INHALT

EINLEITUNG

Im sechsten Jahrhundert kam ein wandernder indischer Weiser namens Bodhidharma nach China. Er war der letzte einer vom Buddha selbst ausgehenden Linie indischer Erleuchteter, und man verehrte ihn als den 28. Patriarchen des Buddhismus. Seine Unterweisungen waren kompromißlos direkt und auf Erfahrung ausgerichtet, einzig dazu da, die Essenz des Buddhismus ohne Rückgriff auf Dogmen oder Aberglauben zu vermitteln. Sein Vermächtnis war eine lebendige und farbenfrohe Spielart des Buddhismus, die Buddhahridaya oder Lehre vom «Buddha-Herzen» genannt wurde und als deren Stifter und erster Patriarch Bodhidharma gilt. In China war diese Schule später besser unter dem Namen Ch'an bekannt, der sich von *dhyana*, dem Sanskritwort für Meditation, ableitet. Im zwölften Jahrhundert gelangte das Ch'an nach Japan und erhielt dort den heute überall bekannten Namen Zen.

Nach seiner Ankunft in China soll Bodhidharma zunächst keine geeigneten Schüler gefunden haben, so daß er sich neun Jahre lang, «der Wand zugewandt», ganz für sich allein der Meditation widmete. Meditation, die Kernpraxis des Zen-Buddhismus, dient der Erkundung des eigenen Bewußtseins und soll dem Schüler tiefen Einblick in sein wahres Wesen verschaffen. Aber Zen ist nicht gleichbedeutend mit Meditation. Diese ist nur ein Mittel auf dem Weg zu einer Verwirklichung, die über alle Praktiken und alle Philosophie hinausgeht. Und diese Erfahrung ist eine unmittelbare Begegnung mit der Wahrheit, die Einsicht, daß alle Dinge im Grunde eins sind, daß das Getrenntsein des eigenen Ich von allem anderen eine Illusion ist, ausgelöst durch das Scheiden der Dinge in dies und das – in Gut und Böse, Erwünscht und Unerwünscht.

Ist der Geist einmal still geworden, geht dem Zen-Schüler auf, daß es kein gesondertes Ich gibt, das geboren wurde und sterben wird. Da ist nur Bewußtsein, und darin haben alle Dinge ihr Sein. Alles, auch das eigene Ich, wird als vergängliche Form gesehen, ohne eigene Realität. Alles ist in einer allumfangenden Liebe geborgen, die das Existierende zu einem geheimnisvollen Ganzen eint. Solche Aussagen sind freilich nichts als Philosophie. Die Zen-Erfahrung ist keine Idee und folglich nicht vom Verstand zu erfassen. Sie ist eher so etwas wie der klarste, inspirierendste Gedanke, den man sich vorstellen kann – nur ohne den Gedanken!

Erleuchtung mag etwas fremd und abgehoben klingen, aber eigentlich ist damit die unmittelbare Wahrnehmung des Offenkundigen gemeint. Sie ist also hier und jetzt zu finden, im tagtäglichen Gang des gewöhnlichen Lebens. Die Wahrheit, so wird uns gesagt, blickt uns aus allem entgegen. Zen ist, einfach bei dem zu sein, was ist, ohne Urteile oder Meinungen. Zen ist Leben – ganz und gar natürlich und ohne alles Erkünstelte. Es ist so nah und so offensichtlich, daß die Sprache davor versagt.

Häufig scheinen die Zen-Meister sich selbst zu widersprechen. Aber sie wissen, daß alles, was sie sagen, letztlich unzutreffend und irreführend sein muß, und wenn sie heute dies sagen, kann es gut sein, daß sie morgen das Gegenteil sagen. Sie bedienen sich des scheinbar Absurden und Unlogischen, damit wir aus dem Gefängnis der Begrifflichkeit ausbrechen und das Leben so nehmen und wahrnehmen können, wie es ist. Die Meister vergleichen ihre Unterweisungen mit einem zum Mond deutenden Finger. Der Finger ist nicht der Mond, und wenn man den Mond selber

sehen will, darf man seine Aufmerksamkeit nicht auf den Finger heften, sondern muß sie der Richtung folgen lassen, in die er weist. Zen-Lehren und Zen-Praxis, Verehrung des Buddha, Hochachtung der Zen-Meister, Schriftenstudium, sogar das Verlangen nach Erleuchtung – all das *kann* dem spontanen Durchbruch zur Erleuchtung sogar im Wege stehen. Wenn das Zen seine Funktion erfüllen soll, muß es sich schließlich selbst aufheben und den Schüler in jenen natürlichen Seinszustand entlassen, dessen Verwirklichung sein einziges Ziel ist.

VERBRENNT DIESES BUCH

Bücherverbrennung – das hat für mich immer etwas von Nazi-Tyrannei und kleingeistigem Zensurdenken gehabt; aber ich muß gestehen, daß ich selbst einmal ein Buch verbrannt habe, allerdings nicht, weil ich es so schrecklich oder «entartet» gefunden hätte, sondern weil seine Botschaft so klar zu mir durchgedrungen war. Damals hatte ich mich für längere Zeit in eine Hütte auf dem Land zurückgezogen, wo ich an einem Winterabend am Feuer saß und das Buch *Zen* von Alan Watts las. Je weiter ich kam, desto mehr wurde mir die Ironie meiner Lage bewußt. Ich war hier, um das Bewußtsein intensiv zu erforschen, und dafür, fand ich, war die Weisheit der Zen-Meister von Belang. Doch andererseits sagten sie wie mit einer Stimme, daß die Erleuchtungserfahrung nicht mit Worten zu vermitteln sei, daß man sie nur selbst finden könne, indem man den Blick nach innen wende. So plötzlich wurde mir das klar, daß ich das kleine Buch spontan ins Feuer warf und dann in mein Meditationszimmer ging, um die Sache ganz direkt zu ergründen. Das Buch hatte seine Schuldigkeit getan. Es zerstörte sich selbst und verwies mich an mich selbst zurück.

Natürlich sollen Sie dieses Buch nicht wirklich verfeuern. Bücher können ein stetiger Quell der Inspiration sein, und gerade dieses möchte eine tägliche Dosis Einsicht bereitstellen, gewonnen von einigen der größten Erforscher des Bewußtseins. Wenn Worte auch nicht die Wahrheit bergen, so können sie vielleicht doch etwas zum Niederbrennen der Illusionen leisten, die uns den eigenen natürlichen Erleuchtungszustand verschleiern – und dabei mögen sie dann sich selbst überflüssig machen und zu Asche werden. Der Text jedes Tages versteht sich daher als Gegenstand der Kontemplation; für das Gefühl des Getrenntseins, in dem wir gefangen sind, vielleicht eine Art Sprengsatz, der uns die Freiheit verschafft, an einem Leben teilzuhaben, das ohnehin ein Wunder ist.

DIE ZEHN BÜFFELSZENEN

Erleuchtung ist ein spontanes und unmittelbares Erwachen, aber ein solch tiefgreifender Bewußtseinswandel ist oft erst nach Jahren der spirituellen Reifung möglich. Manche Zen-Schulen haben das allmähliche Sichentwickeln dieses Erwachens betont, während andere den schlagartigen Durchbruch erstrebten. Aber eigentlich besteht hier kein Widerspruch. Wasser beginnt plötzlich zu kochen, doch davor hat es sich langsam erwärmt. Wer eine spontane Erleuchtungserfahrung macht, den hat das Leben darauf vorbereitet. Die Erleuchtung kommt von selbst, doch das unerleuchtete Bewußtsein ist zeitgebunden und erkennt eine Entwicklung, die zu diesem endgültigen Freiwerden von der Illusion des Getrenntseins führt.

Die Zen-Geschichte von der «Suche nach dem Büffel», an eine weitaus ältere taoistische Erzählung angelehnt, beschreibt gleichnishaft die Stufen des allmählichen Erwachens auf dem Zen-Weg. Dieses Jahrbuch ist in Abschnitte eingeteilt, die den Stufen auf dem Weg zur Erleuchtung entsprechen. Den Anfang bilden jeweils ein Vers und ein Kommentar des chinesischen Zen-Meisters Kuo-an Shih-yüan (zwölftes Jahrhundert), gefolgt von den Texten für die einzelnen Tage. Der Zen-Weg verläuft jedoch nicht geradlinig, und die ganze Wahrheit ist von Anfang an stets gegenwärtig. Diese Geschichte ist nicht als starres Schema der Entwicklung zu verstehen, und mancher Suchende findet sich mal auf dieser, mal auf jener Stufe wieder; aber sie stellt eine aufschlußreiche Metapher dar, denn der Büffel ist der Suchende selbst, sein eigenes Ich, das er finden, bändigen und schließlich ganz und gar preisgeben muß.

DIE SUCHE NACH DEM BÜFFEL

Die Reise beginnt als aufreibende Suche nach einem scheuen Wild. Der Suchende wird auf der Suche nach sich selbst gezeigt, doch er findet nichts als raschelndes Laub und das Schrillen der Zikaden – und merkt noch nicht, daß eben dies die Zeichen sind, die er sucht. In diesem Stadium ist der Schüler häufig verstört und entmutigt. Eigentlich weiß er nicht einmal, worauf er aus ist. Zen klingt fremd und dunkel für ihn, aber etwas daran zieht ihn seltsamerweise doch an. Kuo-an Shih-yüan schreibt:

> *Auf der Suche nach dem Büffel*
> *kämpfe ich mich durch Wälder,*
> *folge dem Lauf namenloser Flüsse,*
> *irre auf gewundenen Bergpfaden umher.*
> *Erschöpft und schon verzweifelnd,*
> *finde ich nichts als raschelndes Laub*
> *und das Schrillen der Zikaden im letzten Licht.*

Wozu einen Büffel suchen, der nie verlorenging? Der Büffel scheint nur verloren, weil der Hirte sich in den Wahn des Getrenntseins verlor. Sein Zuhause rückt in immer weitere Ferne. An manche Wegkreuzung gelangt er, doch weiß er nicht, wohin er sich wenden soll. Begierde und Furcht brennen wie Feuer in ihm, Gedanken an Richtig und Falsch halten ihn gefangen.

1

JANUAR

Schüler: *«Was ist Zen?»*
Nan-ch'üan: *«Das gewöhnliche Bewußtsein ist Zen.»*
Schüler: *«Sollen wir es zu erlangen versuchen?»*
Nan-ch'üan: *«Sobald du es versuchst, verfehlst du es.»*

2

JANUAR

Wir sind wie einer im Wasser,
der sich beklagt, er habe nichts zu trinken.

HSÜEH-FENG

4

JANUAR

Schüler: *«Was ist der Pfad zur Befreiung?»*
Seng-ts'an: *«Wer bindet dich?»*
Schüler: *«Niemand bindet mich.»*
Seng-ts'an: *«Weshalb möchtest du dann befreit werden?»*

3

JANUAR

Weise Zuhörer, die Weisheit der Erleuchtung ist von
Natur aus in jedem von uns. Aufgrund von Verblendung
erkennen wir sie nicht, und so suchen wir
die Belehrung der Erleuchteten, um die Essenz
unseres eigenen Geistes zu erkennen.

HUI-NENG

5

JANUAR

Es gibt im Zen keine heiligen Bücher der Dogmen und
Glaubenssätze. Wenn man mich also fragen würde, was das
Zen lehrt, würde ich sagen: gar nichts. Was es im Zen an
Lehren gibt, kommt aus dem eigenen Geist. Wir lehren uns
selbst, das Zen weist nur den Weg.

D. T. SUZUKI

6

JANUAR

Tsing-ping fragte Meister Ts'ui-wei: «Was ist das Grundprinzip des Buddhismus?» Der Meister erwiderte: «Ich werde es dir später sagen, wenn niemand in der Nähe ist.» Als sie dann allein waren, stellte Tsing-ping seine Frage erneut. Der Meister führte seinen Schüler in einen Bambushain, sagte jedoch immer noch nichts. Tsing-ping drängte ihn zu einer Antwort. Ts'ui-wei flüsterte: «Sieh nur, wie hoch der Bambus hier wächst! Und wie klein er da drüben ist!»

7

JANUAR

Der Schüler fragte den Meister: «Was ist der tiefste Sinn des Buddhismus?» Der Meister verneigte sich tief vor seinem Schüler.

8

JANUAR

Wenn du einen Weisen triffst und weder etwas zu ihm sagst noch schweigst, wie wirst du ihn dann befragen?

FA-YEN

9

JANUAR

Ein buddhistischer Philosoph namens Tao-kwang fragte einen Zen-Meister: «Wenn man sich im Erkennen der Wahrheit zu bilden trachtet – welche geistige Haltung sollte man einnehmen?» Der Meister erwiderte: «Da ist kein Geist, der zu halten wäre, keine Wahrheit, in der man sich bilden könnte.» Darauf der Philosoph: «Wenn das zutrifft, weshalb versammeln sich die Mönche dann um Euch und wollen in der Wahrheit unterwiesen werden?» Der Meister antwortete: «Ich habe keinen Raum – wie könnten sich Mönche um mich versammeln? Ich habe keine Zunge – wie also sollte ich andere unterweisen?» Da rief der Philosoph: «Das ist eine dreiste Lüge!» «Ich sagte doch, ich habe keine Zunge», entgegnete der Meister. «Wie also sollte ich lügen?» Völlig ratlos sagte der Philosoph: «Ich kann Eurer Logik einfach nicht folgen.» Und der Meister schloß: «Ich verstehe mich selber auch nicht.»

JANUAR

Den Schmetterling des Zen im Netz des Verstandes fangen –
machen wir uns klar, daß das nicht geht.

CHRISTMAS HUMPHREYS

JANUAR

Zen hat das Ziel, die Aufmerksamkeit auf die Wirklichkeit
selbst zu sammeln und nicht auf unsere intellektuellen oder
emotionalen Reaktionen auf die Wirklichkeit. Und
Wirklichkeit ist das stets Wachsende und sich Wandelnde und
nicht zu Definierende, das wir Leben nennen und das nie
auch nur einen Augenblick stehenbleibt, damit wir es in ein
System von Kategorien und Ideen zwängen können.

ALAN WATTS

JANUAR

Um die Blinden zu locken,
entließ der Buddha, spielerisch, Worte
aus seinem goldenen Mund.
Seither sind Himmel und Erde
voller verfänglichem Dornengestrüpp.

DAI-O KOKUSHI

JANUAR

Zen behauptet, Buddhismus zu sein, doch alle in den Sutras
und Shastras dargelegten buddhistischen Lehren werden vom
Zen als bloßes Papier betrachtet, das lediglich dazu taugt, den
Schmutz des Intellekts wegzuwischen.

D. T. SUZUKI

Meister Ikkyu riet, vor dem Studium buddhistischer Texte und endlosem Rezitieren der Sutras solle ein Zen-Schüler die Liebesbriefe lesen lernen, die Schnee, Wind und Regen ihm schicken.

16

JANUAR

Schüler: *«Wer predigt die Weisheit des Buddha?»*
Nanyang: *«Mauern und Steine.»*
Schüler: *«Wie können die etwas lehren – sie leben und fühlen doch nicht?»*
Nanyang: *«Sie legen stets beredt die Wahrheit dar.»*
Schüler: *«Ich höre sie nicht.»*
Nanyang: *«Das besagt nicht, daß niemand sie hört.»*
Schüler: *«Wer hört sie denn?»*
Nanyang: *«Alle Weisen hören sie.»*

17

JANUAR

Suche nicht die Wahrheit.
Habe nur keine Meinung.

SENG-TS'AN

14

JANUAR

Während seines Aufenthalts in einem Tempel wurde es Meister Tan-hsia kalt, also nahm er eine Holzstatue des Buddha vom Altar und warf sie ins Feuer. Der Hüter des Tempels war entsetzt und verärgert. Daraufhin stocherte der Meister in der Asche. «Was macht Ihr da?» wollte der Tempelhüter wissen. «Ich suche nach heiligen Überresten», erwiderte der Meister. «Die findet Ihr doch nicht in der Asche einer Holzstatue», sagte der Hüter. «Wenn das so ist», meinte Tan-hsia, »hättet Ihr dann wohl noch ein paar Buddhas, damit ich mich wärmen kann?»

JANUAR

Der Meister erhob sich zu seiner Darlegung, doch er breitete nur die Arme aus und schwieg. Als er eben die Halle verlassen wollte, fragte ein Mönch, weshalb er nichts gesagt habe. Der Meister erwiderte: «Die Schriften werden von den Schriftgelehrten, die Kommentare von den Kommentatoren erläutert. Was wunderst du dich? Bin ich nicht ein Zen-Meister?»

JANUAR

«All dies Zen-Zeug ist Unsinn», sagte der Skeptiker. «Du hast völlig recht», erwiderte der Meister, «doch ist dies eine Lehre, die normalerweise den am weitesten fortgeschrittenen Schülern vorbehalten bleibt.»

JANUAR

Schüler: *«Wie finde ich mein Buddha-Wesen?»*
Meister: *«Du hast kein Buddha-Wesen.»*
Schüler: *«Wie ist es mit den Tieren?»*
Meister: *«Die haben Buddha-Wesen.»*
Schüler: *«Warum habe ich dann keines?»*
Meister: *«Weil du fragen mußt.»*

JANUAR

Ein berühmter Gelehrter besuchte einst Na-in, um etwas über Zen zu hören. Höflich goß der Meister ihm Tee ein, doch er fuhr damit fort, bis die Schale überlief und der Tee sich über den Gast ergoß. Dieser rief erschrocken, er möge aufhören. Der Meister erwiderte: «Diese Schale ist voll und kann keinen Tee mehr aufnehmen, solange ich sie nicht leere. So ist auch Euer Geist voller Ideen, und wenn Platz für meine Unterweisung sein soll, müßt Ihr ihn erst leer machen.»

JANUAR

Meister Hui-hai wurde gefragt: «Sind Taoismus, Konfuzianismus und Buddhismus drei verschiedene Lehren oder gleich?» Er sagte: «Für die von großer Einsicht sind sie gleich. Für die von mittlerer Einsicht sind sie verschieden. Sie kommen alle aus der einen Wahrheit, aber jeder analytische Ansatz läßt sie wie drei aussehen. Ob einer aber Erleuchtung findet oder verblendet bleibt, hängt vom Suchenden selbst ab, nicht von den Unterschieden der Lehre.»

23

JANUAR

Meister Mu-nan machte Shoju zu seinem Nachfolger und schenkte ihm zu diesem Anlaß ein Buch. Er sagte: «Dieses Buch der Weisheit haben Generationen von Meistern verfaßt. Auch ich habe ihm anvertraut, was ich verstand. Nun ist es deins.» Shoju zeigte kein Interesse. «Ich habe das Zen ohne Worte von Euch gelernt», sagte er. «Ich kann nichts anfangen mit diesem Buch – behaltet es.» «Es gehört dir», sagte Mu-nan, «ein Symbol der Lehren, die du empfangen hast – hier.» Da nahm Shoju das Buch und warf es in das Feuer, an dem sie sich wärmten. Mu-nan, der sonst nie zornig wurde, fuhr auf: «Was machst du da?» Shoju erwiderte ganz ruhig: «Was sagt Ihr da?»

24

JANUAR

Erkennst du denn nicht, daß du nur keine Vorstellungen und keine Angst haben mußt, um den Buddha direkt vor dir zu sehen?

HUANG-PO

19

JANUAR

Im Zen gibt es nichts zu erklären und nichts zu lehren,
was dein Wissen mehren könnte. Was nicht aus dir selbst
erwächst, ist auch nicht dein eigenes Wissen –
nur fremdes Gefieder.

D. T. Suzuki

26

JANUAR

T'ao-ch'ien bat einen anderen Mönch, er möge ihn auf einer weiten Wanderung begleiten, damit er eine Hilfe bei seinen Zen-Studien habe. Der Freund sagte: «Ich will dir gern beistehen, so gut ich kann, aber manches wirst du doch allein tun müssen.» «Was meinst du?» fragte T'ao-ch'ien. Sein Freund erwiderte: «Nun, wenn ich esse und trinke, wird es dir nicht den Magen füllen. Wenn du dich entleeren mußt, gibt es dabei für mich überhaupt nichts zu tun. Und nur du kannst deinen Körper gehen machen.» Das öffnete T'ao-ch'ien die Augen, und er machte sich allein auf den Weg.

27

JANUAR

Ich wurde allein geboren.
Ich werde allein sterben.
Und dazwischen
bin ich Tag und Nacht allein.

SENGAI

28

JANUAR

Wenn du es nicht von dir selbst bekommst,
woher dann wohl?

ZEN-SPRICHWORT

29

JANUAR

Schüler: *«Gibt es etwas Staunenswerteres als die Wunder der Natur?»*
Meister: *«Ja. Deinen Sinn für diese Wunder.»*

30

JANUAR

Schüler: *«All diese Naturwunder – die Bäume, die Berge, die Erde –, woher kommen sie?»*
Meister: *«Woher kommt deine Frage?»*

31

JANUAR

Schüler: *«Wie kann ich mein Selbst-Wesen wahrnehmen?»*
Meister: *«Dein Selbst-Wesen ist das, was wahrnimmt. Ohne es gäbe es keine Wahrnehmung.»*

FEBRUAR

Vor der Erleuchtung sind Buddhas nicht anders als
gewöhnliche Menschen. Nach der Erleuchtung werden
gewöhnliche Menschen augenblicklich Buddhas.

HUI-NENG

FEBRUAR

Wenn ein Unwissender versteht,
wird er ein Heiliger.
Aber wenn ein Heiliger versteht,
wird er ein Unwissender.

EKAI

FEBRUAR

Verblendung und das Erwachen –
beide können langsam oder plötzlich kommen oder gehen.

SHEN-HUI

FEBRUAR

Die Ahnung des Absoluten ist hier und jetzt zu erstreben, und nicht bloß im mystischen Sinne von Hier und Jetzt, denn es gibt sonst nichts, sondern ganz wörtlich im Tun dessen, was wir gerade tun, sei es Meditation oder Broterwerb oder der Abwasch.

CHRISTMAS HUMPHREYS

FEBRUAR

Zen bekundet sich im uninteressanten und ereignisarmen Leben eines einfachen Mannes auf der Straße, wenn man das Lebendigsein selbst inmitten des gelebten Lebens erkennt.

D. T. SUZUKI

FEBRUAR

Der Wege zum Einen sind so viele wie Menschenleben.

ZEN-SPRICHWORT

FEBRUAR

Es ist eine seltene Gunst, wie wir als Menschen geboren zu sein. Wenn wir Erleuchtung nicht in diesem Leben erlangen, wann dann?

ECHU

FEBRUAR

Geburt und Tod sind eine ernste Sache.
Wie vergänglich das Leben ist!
Jeder Augenblick will ergriffen sein.
Die Zeit wartet auf niemanden.

INSCHRIFT AUF EINEM ZEN-GONG

FEBRUAR

Zen ist das Leben; dem Zen nachzujagen, das ist, als jage man den eigenen Schatten und laufe dabei immer von der Sonne weg.

ALAN WATTS

DIE SPUREN
FINDEN

2

Durch die Beschäftigung mit der buddhistischen Lehre von der essentiellen Einheit aller Dinge geht dem Suchenden allmählich auf, daß die Hufabdrücke des Büffels eigentlich überall zu sehen sind. Ihn selbst hat er noch nicht gefunden, wohl aber die Spuren. Auch die Zen-Schau hat er noch nicht erlangt, doch er erkennt den Weg. Er weiß, daß wir «mit unseren Gedanken die Welt erschaffen», wie der Buddha sagt. Er ist voller Begeisterung und Optimismus, als warte die Erleuchtung gleich hinter der nächsten Wegbiegung auf ihn. Kuo-an Shih-yüan schreibt:

Hufabdrücke –
unter Bäumen am Flußufer,
zwischen den duftenden Gräsern,
in der Bergeinsamkeit.
Diese Spuren sind so allgegenwärtig wie der Himmel,
so wenig verborgen wie meine eigene Nase.

Geleitet von der Weisheit des Buddha, hat der Hirte nun etwas verstanden – er fand Hufabdrücke. Er erkennt: Wie man aus ein und demselben Metall viele Dinge formt, so sind alle Dinge der äußeren Welt Widerspiegelungen des Selbst. Er vermag jedoch noch nicht zwischen Wahr und Unwahr zu unterscheiden. Er hat den Pfad gefunden, aber noch nicht das Tor durchschritten.

FEBRUAR

Der große indische Weise Bodhidharma war der 28. Patriarch des Buddhismus. Im sechsten Jahrhundert kam er nach China, wo er der erste Patriarch des Zen wurde. Zwar hatte der Buddhismus in China bereits Fuß gefaßt, aber man hatte noch keinen erleuchteten Meister erlebt, und so brannte Kaiser Wu darauf, Bodhidharma zu sehen. Er bat ihn in seinen Palast und fragte ihn: «Ich habe viele Klöster erbauen lassen, zahllose gute Werke verrichtet und dem Buddhismus Schutz und Förderung angedeihen lassen. Welches Verdienst habe ich mir damit erworben?»
Bodhidharma erwiderte: «Gar keins.»

FEBRUAR

Sehr befremdet wollte Kaiser Wu von Bodhidharma wissen: «Was ist die heilige Wahrheit des Buddhismus?» Der erwiderte: «Grenzenlose Leere – und nichts Heiliges darin.»

FEBRUAR

Verwirrt und allmählich ärgerlich werdend, fragte Kaiser Wu: «Wenn Ihr sagt, alles sei nichts, wer seid dann Ihr?» Bodhidharma antwortete: «Ich weiß es nicht.» Dazu fiel dem Kaiser nichts mehr ein, und Bodhidharma, der einsah, daß hier niemand seine Lehre würde verstehen können, zog sich zurück und meditierte neun Jahre lang der Wand gegenüber.

FEBRUAR

Eine besondere Übermittlung außerhalb der Schriften,
unabhängig von Worten und Buchstaben.
Unmittelbares Deuten auf des Menschen Herz
zur Schau des eigenen wahren Wesens.

BODHIDHARMAS BOTSCHAFT

14

FEBRUAR

Dies ist das große Mysterium.
Du existierst und existierst doch nicht.

SHEN-TS'ING

15

FEBRUAR

Unser Buddha-Wesen ist von Anfang an da.
Es ist wie die Sonne, die hinter den Wolken hervorkommt.
Es ist wie ein Spiegel, der alles vollkommen widerspiegelt,
nachdem er abgewischt wurde und nun wieder ganz klar ist.

HO-SHAN

16

FEBRUAR

Sosehr du dich auch mühst, dein Urangesicht vor deiner
Geburt oder deine ursprüngliche Heimat durch Klügelei und
Definition zu erkennen, es wird dir mißlingen. Selbst wenn
du dich im Innersten erforschst und ein einziges Fragen
wirst, findest du doch nichts, was du deinen Geist oder dein
Wesen nennen könntest. Doch ruft jemand deinen Namen,
so hört etwas in dir und antwortet. Sieh zu, wer das ist! Sieh
es jetzt!

BASSUI TOKUSHO

17

FEBRUAR

Zeig mir dein Urangesicht
vor der Geburt deiner Eltern.

ZEN-KOAN

18

FEBRUAR

Helden werden mit einem Gedanken zu Buddhas,
doch den Faulen gibt man die drei Sammlungen von Schriften
zum Durcharbeiten.

ZEN-SPRICHWORT

19

FEBRUAR

Erleuchtung und Nirvana? Das sind tote Bäume, an die man Esel bindet. Die Schriften? Papierfetzen, mit denen du dir Schmutz vom Gesicht wischst. Die vier Verdienste und die zehn Schritte? Das sind Gespenster in ihren Gräbern. Was könnten diese Dinge mit deinem Freiwerden zu tun haben?

TE-SHAN

20

FEBRUAR

Ihr Narren! Worauf seid ihr so emsig aus? Weshalb versucht ihr einen Kopf auf euren Kopf zu setzen? Euer Kopf ist doch schon da, wo er sein muß.

LIN-CHI

21

FEBRUAR

Gefragt, wie er sich im Zen schule, antwortete ein Meister: «Wenn ich hungrig bin, esse ich; wenn ich müde bin, schlafe ich.» «Aber das tut doch jeder», sagte der Fragesteller. «Durchaus nicht», erwiderte der Meister. «Die meisten essen nicht, wenn sie essen, sondern denken an etwas anderes. Und wenn sie schlafen, dann schlafen sie nicht, sondern träumen allerlei Unsinn. Das ist der Unterschied.»

22

FEBRUAR

Wenn du Reis kochst, wisse, daß das Wasser dein eigenes Leben ist.

ZEN-SPRICHWORT

Zen-Meister belegen einander gern mit wenig schmeichelhaft wirkenden Ausdrücken wie «alter Reissack»; sie tun dies aber nicht aus Mißgunst, sondern weil sie der Gedanke belustigt, daß ihre weisen und verehrten Brüder als so außerordentlich heilig gelten, während sie doch wissen, daß alles heilig ist – auch Kochtöpfe oder Blätter, die der Wind vor sich hertreibt – und daß an ihnen selbst nichts besonders Verehrungswürdiges ist.

ALAN WATTS

Ich habe euch keine Geheimnisse zu verraten, und versuchte ich es, so dürftet ihr mich ruhig verlachen. Überhaupt: Wie könnte irgendeine meiner Einsichten die eure werden?

KUEI-SHAN

Zen verabscheut alles Wiederholen oder Nachahmen, denn es tötet.

D.T. SUZUKI

Es ist gut, das Leben empfindender Wesen wie etwa der Tiere oder auch der Insekten zu schonen. Aber wie steht es mit dem Zeittotschlagen? Oder mit dem Verschwenden von Mitteln? Es gibt viele Arten des Tötens. Zum Beispiel predigen, ohne erleuchtet zu sein. Das heißt: den Buddhismus töten.

GA-SAN

FEBRUAR

Unsinnig ist die Behauptung, wir könnten ohne gelehrte und fromme Lehrer keine Erleuchtung finden. Die Weisheit ist angeboren, und wir können uns alle selbst erleuchten.

HUI-NENG

FEBRUAR

Als Meister Hui-neng über sein Schulungssystem befragt wurde, sagte er: «Ich spräche nicht die Wahrheit, würde ich behaupten, ein System zu besitzen. Ich gebe mir einfach Mühe, meine Schüler von ihren Fesseln zu befreien, mit den Mitteln, die der jeweilige Fall erfordert.»

FEBRUAR

Einst wurde Meister Keichu von seinem Aufwärter eine Visitenkarte gebracht, auf der stand: «Kitagaki, Präfekt von Kyoto». «Ich will ihn nicht sehen!» schrie der Meister, und so erhielt der vornehme Besucher seine Karte zurück. Doch er erkannte seinen Irrtum sogleich, nahm einen Stift, strich «Präfekt von Kyoto» aus und bat den Aufwärter, die Karte noch einmal zu präsentieren. Der Meister sagte: «Ah, es ist Kitagaki – nur herein mit ihm.»

MÄRZ

Ein Schüler wurde beim Stehlen erwischt, und die übrigen forderten Meister Bankei auf, ihn aus der Gemeinschaft auszuschließen. Bankei tat es nicht, doch der Schüler stahl erneut. Da machten die übrigen Schüler eine formelle Eingabe, um ihrer Forderung Nachdruck zu verleihen. Sollte ihr nicht entsprochen werden, würden sie gehen. Bankei rief sie zu sich und sagte: «Ihr seid klug, meine Freunde. Ihr könnt recht und unrecht unterscheiden. Ihr könnt eure Schulung ruhig anderswo fortsetzen, aber dieser arme Kerl – wer wird ihn lehren, wenn nicht ich? Ich muß ihn als Schüler behalten, auch wenn ihr übrigen alle geht.» Da brach der Missetäter in Tränen aus – und stahl nie wieder.

MÄRZ

Die Mönche baten Meister Pai-chang um eine Darlegung. Er sagte, er werde später über Zen sprechen, einstweilen sollten sie ihre Feldarbeit fortsetzen. Nach der Arbeit wurde der Meister um die Erfüllung seines Versprechens gebeten, worauf er die Arme öffnete, als wolle er die Welt umarmen.

MÄRZ

Ein Novize bat den Meister um Unterweisung. Der Meister fragte: «Hast du schon gefrühstückt?» «Habe ich», sagte der Schüler. «Dann spüle deine Schale aus», sagte der Meister.

MÄRZ

Wem es nicht darum geht, etwas Besonderes zu sein, der ist ein Edler. Habt keinen Ehrgeiz. Seid gewöhnlich.

LIN-CHI

MÄRZ

Ein Mönch fragte Meister Wei-shan, weshalb Bodhidharma
nach China gekommen sei. Zur Antwort hob der Meister
seinen Lehrstab.

MÄRZ

Meister Hsiang-yen fragte einen Mönch: «Kennst du den
Sinn von Wei-shans Stabhochhalten?» Der Mönch erwiderte:
«Der Meister wollte auf die objektive Wirklichkeit
hindeuten, die Wahrheit jenseits der Begriffe
demonstrieren.» «Deine Theorien sind gut und schön», sagte
Hsiang-yen, «aber beschränkt.» «Wie versteht Ihr es denn?»
fragte der Schüler. Hsiang-yen hielt seinen Lehrstab hoch.

7

MÄRZ

Wir gründen unser Leben auf Vernunft und gesunden Menschenverstand. Die Wahrheit kümmert sich um beides nicht.

CHRISTMAS HUMPHREYS

8

MÄRZ

Mach dich frei von deinem Halt.

HAKUIN

9

MÄRZ

Frühlingsblüten, Herbstmond,
Sommerbrise, Winterschnee –
Für einen von unnötigen
Gedanken freien Geist
Ist jede Jahreszeit vollkommen.

EKAI

10

MÄRZ

In gewissem Sinne ist Zen, das Leben zu fühlen, und nicht, Gefühle in bezug auf das Leben zu haben.

ALAN WATTS

11

MÄRZ

Vimalakirti befragte Manjushri über die vom Buddha gelehrte Nicht-Zweiheit. Manjushri sagte: «Diese Lehre ist realisiert von einem, der über die Formen hinausblickt und ohne Beweisführung versteht. So sehe ich es – und du?» Zur Antwort auf diese Frage schloß Vimalakirti den Mund und schwieg.

MÄRZ

Du möchtest die Wahrheit?
Dann laß ab von Worten und Schweigen,
und lebe dein eigenes Zen.

EKAI

MÄRZ

Ein Schüler kam auf der Suche nach der Wahrheit des
Buddhismus ins Kloster. «Was willst du im Kloster?» fragte
der Meister. «Warum kümmerst du dich nicht um den Schatz
in deinem eigenen Hause?» «Was ist mein Schatz?» fragte der
Schüler. «Der da fragt, ist der Schatz», sagte der Meister.

MÄRZ

Alle Buddhas sind seine Diener. Wer ist er?
Wenn du ihn siehst, wird dir sein, als begegnetest du
deinem eigenen Vater am Ende des Weges.
Du wirst dann niemanden mehr fragen müssen,
ob du recht hast oder nicht.

EKAI

MÄRZ

Entledige dich nur des Unwahren, und du wirst
ganz von selbst das Wahre erkennen.

HO-SHAN

MÄRZ

Was ist die höchste Lehre des Buddhismus?
Du verstehst sie erst, wenn du sie erreicht hast.

SHIH-T'OU

MÄRZ

Mit kühnem Strich schrieb Hakuin das Schriftzeichen für
«TOD» und sagte dann: «Wer in die Tiefe dieses Wortes
eindringt, der ist wahrhaft ein Held.»

MÄRZ

Soll ich dieses Leben mit einem Blitz vergleichen
oder mit einem Tautropfen?
Bevor ich auch nur diese Worte gesprochen habe,
ist es schon vorbei.

SENGAI

MÄRZ

Das Geheimnis liegt in deinem Ich.

HUI-NENG

MÄRZ

Zen ist eine Art, glücklich zu sein.

T'AO-SHAN

DEN BÜFFEL
SEHEN

Auf dieser Stufe erhascht der Schüler einen Blick auf sein eigenes wahres Wesen. Wenn die Welt und das Ich als eins erkannt sind, sieht man den Büffel überall – nicht zu beschreiben und alles durchdringend. Die Schau wurde ihm zuteil, doch sie ist noch unbeständig. Kuo-an Shih-yüan schreibt:

> *Vogelzwitschern aus dem Geäst,*
> *warme Sonne und kühler Wind,*
> *grüne Weiden am Ufer des Flusses.*
> *Nirgends könnte sich der Büffel verbergen.*
> *Wer vermöchte einen so gewaltigen Kopf und*
> *diese alles durchdringenden Hörner zu malen?*

Der Hirte lauscht gespannt und findet den Weg. Seine Sinne kommen in Einklang, und er gewinnt Einblick in den Ursprung der Dinge. Es ist deutlich zu sehen in allem, was er tut. Dieses Einssein ist wie Salz im Wasser. Wenn er vollkommene Klarheit gewinnt, wird er sehen, daß auch das kleinste Ding nicht von ihm selbst getrennt ist.

尋牛

21

MÄRZ

Man kann sein Leben lang verblendet sein
und doch in einem Augenblick die Buddhaschaft erlangen.

HUI-NENG

22

MÄRZ

Wie also erkennen wir? Durch die Intuition.
Diese Intuition ist direkt und unmittelbar.
Durch sie erkennen wir augenblicklich – wie eine Hand,
die etwas sehr Heißes berührt, den Schmerz erkennt.

CHRISTMAS HUMPHREYS

23

MÄRZ

Wir sehen es, und doch ist es nicht zu sehen.
Wir hören es, und doch ist es nicht zu hören.
Wir sprechen davon, und doch ist nicht davon zu sprechen.
Wir erkennen es, und doch ist es nicht zu erkennen.
Sag, wie geht das zu?

YÜAN-WU

24

MÄRZ

Du kannst den Pfad nicht beschreiten,
solange du nicht selbst der Pfad geworden bist.

ZEN-SPRICHWORT

25

MÄRZ

Ich erinnere mich, wie ich als Junge im Gras lag und in das Sommerblau über mir blickte und den Wunsch empfand, damit zu verschmelzen – ein Teil davon zu werden. Heute denke ich, daß ich damals einer großen Wahrheit sehr nahe war, daß ich sie sogar berührte, ohne auch nur die leiseste Ahnung von ihrer Existenz zu haben. Ich meine die Wahrheit, daß der Wunsch zu sein um so vernünftiger ist, je größer er wird, daß du also um so klüger bist, je dringender du zu sein begehrst – während der Wunsch zu haben um so törichter ist, je größer er wird. Das kosmische Gesetz gesteht uns sehr wenig von dem zu, was wir gern hätten, aber es wird uns helfen, all das zu sein, was wir uns je wünschen können.

LAFCADIO HEARN

26

MÄRZ

Wenn das Zen dich die Süße des Zuckers schmecken lassen
möchte, steckt es dir etwas Geeignetes in den Mund
und verliert keine Worte darüber.

D. T. SUZUKI

27

MÄRZ

Schüler: *«Zeigt mir den Weg zur Erleuchtung.»*
Meister: *«Hörst du den murmelnden Bach?»*
Schüler: *«Ja.»*
Meister: *«Das ist der Zugang.»*

28

MÄRZ

Ein Samurai trat an Meister Hakuin heran und fragte: «Was ist Hölle und Himmel?» Hakuin maß ihn mit einem kurzen Blick und fuhr ihn an: «So heruntergekommen, wie Ihr seid, würdet Ihr doch nichts verstehen.» Den Samurai packte der Zorn, und er zog sein Schwert. «Da», sagte Hakuin, «das ist Hölle.» Das öffnete dem Samurai urplötzlich die Augen. Voller Dankbarkeit verneigte er sich demütig vor dem Meister. Hakuin sagte: «Da, das ist Himmel.»

29

MÄRZ

Für einen Menschen von besonderer Begabung oder einer gewissen geistigen Durchdringungskraft braucht es nur eine Geste oder ein Wort zum unmittelbaren Innewerden der Wahrheit.

CHIANG CHIH-CHI

30

MÄRZ

Einst wollte ein Meister gerade zu einer Darlegung anheben, als ein Vogel zu singen begann. Der Meister sagte nichts, und alle lauschten dem Vogel. Als dieser verstummte, sagte der Meister, die Darlegung sei bereits erfolgt – und ging seiner Wege.

31

MÄRZ

Zen-Meister sind vollkommen eins geworden mit der Natur.

D. T. SUZUKI

1

APRIL

Im Buddhismus ist kein Platz für besondere Anstrengungen.
Seid ganz gewöhnlich und unspektakulär.
Eßt, trinkt, dann entleert euch,
und wenn ihr müde seid, geht schlafen.
Narren werden lachhaft finden, was ich sage,
aber der Weise versteht.

LIN-CHI

3 APRIL

Meister Tao-sheng glaubte, daß alles mit Buddha-Wesen begabt sei, doch das entsprach nicht der damaligen Lehrmeinung, so daß er aus der buddhistischen Gemeinschaft ausgestoßen wurde. Tao-sheng jedoch war es zufrieden, den Felsen zu predigen, und es heißt, sie hätten zustimmend genickt. Meister Ungan sagte später, die Felsen hätten schon lange vorher genickt, als noch niemand darauf verfallen war, ihnen zu predigen.

4 APRIL

Die Natur hat es mehr mit dem Spielen als mit dem Erreichen von Zielen.

ALAN WATTS

2 APRIL

Nichts Sentimentales war an den Meistern, die Ohrfeigen austeilten, um ihre Schüler zur Besinnung zu bringen, und die nicht nur dann «naturnah» lebten, wenn die Natur warm und angenehm war, sondern auch wenn sie sich kalt, naß und stürmisch zeigte. Der sentimentale «Naturliebhaber» sieht nur eine Seite ihres Gesichts. Wird es naß, geht er ins Haus und schwärmt vom Geräusch der Tropfen auf den Blättern. Daß ihm auch mal etwas davon in den Kragen läuft, weiß er zu vermeiden.

ALAN WATTS

5 APRIL

In manchen Religionen ist der Heilige ein Gegenstand der Bewunderung und Anbetung. Viele der größten Zen-Meister der Vergangenheit haben jedoch eher wie Landstreicher ausgesehen und sich auch so verhalten. Sie galten als ein bißchen verrückt. Nur Menschen von besonders klarem Blick erkannten die Größe im glücklichen, aber scheinbar allzu unbesorgten Leben des Weisen.

CHRISTMAS HUMPHREYS

6

APRIL

In der Garderobe
der Wirklichkeit
wartend,
fürchte ich mich –
wie ein schüchterner Jüngling bei einer Party –
anzuklopfen (vielleicht)
und einzutreten.
Lieber würde ich mir die Mäntel ansehen,
um womöglich herauszufinden,
wer schon drinnen ist.

PETE RAWLINGS

7

APRIL

Wenn du sehen kannst, wessen inneres Auge geöffnet ist,
werde ich zugeben, daß du wirklich mit einem der alten
Weisen unter vier Augen gesprochen hast.

YÜAN-WU

8

APRIL

Ein Erleuchteter ist sein eigenes Licht.
Er kann im Dunkeln sehen.
Licht macht er nur für seine Gäste.
Ideen gebraucht er nur zur Unterrichtung seiner Besucher.

SHEN-TS'ING

9

APRIL

Wer sein wahres Wesen geschaut hat,
der sieht es, wann immer er darüber befragt wird.

HUI-NENG

10

APRIL

Was ist Geist? Die wahre Natur aller Lebewesen. Er war schon vor der Geburt deiner Eltern da, also auch vor deiner eigenen. Er ist jetzt da, er ist ewig unwandelbar. Man nennt ihn «dein Gesicht vor der Geburt deiner Eltern». Er entsteht nicht bei der Geburt, und er verschwindet nicht im Tod. Er ist weder männlich noch weiblich. Er ist nicht gut oder böse. Er ist mit nichts vergleichbar. Deshalb wird er «Buddha-Wesen» genannt.

BASSUI TOKUSHO

11

APRIL

Es ist nicht eins, nicht zwei, nicht beides, nicht keins von beiden. Du bekommst es nicht zu fassen. Versuch es gar nicht erst. Denn wo der Teil das Ganze sieht, ist kein Zen, weil da immer noch zwei sind, der Teil und das Ganze. Zen-Gewahrsein muß eine Weitung des Bewußtseins über alles Wissen und alle Prozesse hinaus sein.

CHRISTMAS HUMPHREYS

12

APRIL

Geplapper über «Buddha» und «Dharma» beleidigt beide. Wozu die Stille durch Gerede über die Stille stören? Wozu die Wirklichkeit zersplittern, indem man ihr Namen gibt?

SHEN-TS'ING

13

APRIL

Die Leiden und Unsicherheiten unseres Lebens, so schmerzhaft und bedrückend sie auch sind, lehren uns, nicht an den vergänglichen Dingen dieser Welt zu haften. Auch der größte Meister könnte uns nicht so trefflich lehren. Wir sollten sie ehren und achten und ihnen nicht ausweichen.

T'AO-SHAN

APRIL

Erforsche deinen Geist und verwirkliche dein Buddha-Wesen —
das, was nicht ruht und sich nicht regt, weder beginnt noch aufhört.
Tust du es nicht, wirst du dein Leben vergeudet haben.

Hui-neng

15
APRIL

Die Weisheit selbst ist das, was Weisheit sucht.

SHUNRYU SUZUKI

16
APRIL

Das Universale in jedem Besonderen erblickend,
bleiben sie ohne Bewegung, ob sie kommen oder gehen.
Der Stelle gewahr, in der die Gedanken enthalten sind,
hören sie stets die Wahrheit, was sie auch tun mögen.

HAKUIN

17
APRIL

Wo Schönheit ist, da ist auch Häßlichkeit.
Wenn etwas richtig ist, ist etwas anderes falsch.
Wissen und Unwissenheit hängen voneinander ab.
Verblendung und Erleuchtung bedingen einander.
So war es schon immer.
Wie könnte es jetzt anders sein?
Das eine loswerden, das andere halten wollen –
das muß ein lächerliches Schauspiel abgeben.
Auch wenn du sagst, alles sei wunderbar,
du mußt dich doch mit all dem stets sich Wandelnden abgeben.

RYOKAN

18
APRIL

Wenn du dem Weg folgen willst, weise nichts von dir,
nicht einmal Sinneserfahrungen und Gedanken.
Erleuchtung heißt sogar, sie gänzlich anzunehmen.

SENG-TS'AN

19
APRIL

Sieh einfach, daß Buddhismus nicht in der Welt zu finden ist,
doch schließe daraus nicht, daß am Buddhismus nichts
Weltliches sei.

DOGEN

20
APRIL

Hast du eine Meinung über die buddhistische Lehre,
wird sie ein weltliches Ding.
Hast du keine Meinung über weltliche Dinge,
werden sie buddhistische Lehre.

ZEN-SPRICHWORT

APRIL

Werde Herr jeder Lage,
und du wirst immer am rechten Ort sein.

Lin-chi

APRIL

Du fragst mich, wie du auf dem Krankenlager Zen üben sollst.
Ich frage dich: Wer ist krank? Wer übt Zen?
Wer bist du? Weißt du es? Du bist ganz und gar Buddha-Wesen.
Du bist der Große Weg – jenseits aller Formen.
Ist darin irgendwo Kranksein?

Bassui Tokusho in einem Brief

APRIL

Bei einem Begräbnis klopfte ein Mönch an den Sarg
und fragte: «Tot oder lebendig?» Der Meister erwiderte:
«Ich sage nicht lebendig, ich sage nicht tot.»

24

APRIL

Wie die höchsten und die tiefsten Töne gleichermaßen
unhörbar sind, so sind vielleicht der größte Sinn und der
größte Unsinn gleichermaßen unverständlich.

ALAN WATTS

25

APRIL

Immer noch zergliedern die Intellektuellen das Zen
im Labor und verkünden feierlich, es sei nichts darin.
Wie recht sie doch beinahe haben!

CHRISTMAS HUMPHREYS

26

APRIL

«Lauter Lügen kommen aus meinem Mund»,
sagte der Meister. «Da, siehst du – schon wieder!»

27

APRIL

Wessen Mund könnte wohl groß genug sein,
um die Dinge so darzustellen, wie sie sind?

ALAN WATTS

28

APRIL

Es ist nichts Reales an meinen Lehren.
Wenn du das verstehst, wirst du reich genug sein,
um es dir wirklich gutgehen zu lassen.

LIN-CHI

29

APRIL

Dein Schatzhaus ist in dir.
Es birgt alles, was du je brauchen wirst.

HUI-HAI

DEN BÜFFEL
EINFANGEN

Jetzt muß der Suchende sich bemühen, den Büffel einzufangen. Ihm wird klar, daß er nicht Erleuchtung gefunden hat, sondern ein Ich, das unbeherrscht und störrisch wie ein wildes Tier ist. Er muß seinen rastlosen Geist zügeln, um die Zen-Haltung wahren zu können. Zen wird als eine Herausforderung erlebt, der man sich stellen muß, und das gesonderte Ich als ein zu überwindendes Hindernis. Der Büffel gibt jedoch nicht so leicht nach, sondern findet immer wieder neue Verstecke. Auch das Ich des Schülers findet, wenn es sich etwa durch Meditation disziplinieren soll, immer wieder neue Ausreden, es nicht zu tun, oder, noch subtiler, es sonnt sich in dem Gefühl, durch seine spirituelle Praxis etwas Besonderes zu sein. Kuo-an Shih-yüan schreibt:

Ich mühe mich wacker, den Büffel einzufangen.
Ich kämpfe mit seinem grimmigen Eigensinn
und seiner unerschöpflichen Kraft,
während er hoch hinauf in die dunstverhangenen Berge
oder tief hinunter in unwegsame Schluchten entwischen will.

Der Büffel ist schließlich gefunden, aber schwer zu bändigen. Ständig möchte er zu den süß duftenden Weiden zurück. In seiner Wildheit ist er störrisch und möchte nicht gezähmt werden. Will der Hirte Einmütigkeit stiften zwischen dem Büffel und sich selbst, wird er die Peitsche heben müssen.

30

APRIL

Um den Geist zu erkennen, trachte zuerst, den Ursprung deines Denkens zu finden. Schlafend oder arbeitend, stehend oder sitzend, frage dich ernsthaft: «Was ist mein Geist?»

BASSUI TOKUSHO

1

MAI

Ein Zentimeter Meditation, ein Zentimeter Buddha. So baue Stück für Stück den Buddha in seiner vollen Größe.

ZEN-SPRICHWORT

2

MAI

Wenn Sie Zazen üben, versuchen Sie nicht, Ihr Denken anzuhalten. Lassen Sie es von selber anhalten. Wenn Ihnen etwas in den Sinn kommt, lassen Sie es hereinkommen und wieder hinausgehen. Es wird nicht lange bleiben. Wenn Sie es anhalten wollen, heißt das, daß es Sie stört. Lassen Sie sich durch nichts stören. Es scheint von außerhalb zu kommen, aber tatsächlich sind es Wellen in Ihrem eigenen Geist, und wenn Sie sich von den Wellen nicht beunruhigen lassen, werden sie sich allmählich legen. Nach fünf oder höchstens zehn Minuten wird Ihr Geist völlig gelassen und ruhig sein.

SHUNRYU SUZUKI

3

MAI

Hört auf, Dingen nachzujagen. Laßt Mehltau auf eurem Mund entstehen. Seid ohne Widerstand, wie edelste Seide. Denkt nur an das Ewige. Seid kalt und leblos wie alte Räucherwerkasche in einem verlassenen Tempel.

SHIH-SHUANG

4

MAI

Wer sich am Ufer herumdrückt und überlegt und überlegt, wie er nun ins Wasser springen soll, um dann mal einen Zeh hineinzuhalten und sich auszumalen, wie das wohl sein wird, wenn er ganz drinnen ist – der wird sich bald angewöhnen, die Sache lieber ganz zu lassen. Der Zen-Schüler muß still zum Wasser gehen und sich ruhig hineingleiten lassen, ohne Umschweife, ohne Spekulationen über das, was ihn erwartet, aufkommen zu lassen oder Gründe zu erklügeln, weshalb er vielleicht doch nicht gleich hineingehen sollte.

ALAN WATTS

5

MAI

Von vielbegangenen Wegen weg treten wir in den Nebel, wo Abgründe, Sümpfe und wüste Wildnis sind. Wir müssen lernen weiterzuziehen: durch Unsinn zum Nicht-Sinn, aus den eingefahrenen Geleisen des Geistes heraus und durch eine weglose Wüste ohne Sinn bis zur Freiheit «eines Geistes, der sich nirgends niederläßt» und sich von jetzt an aus Nicht-Denken, Nicht-Absicht und Nicht-Unterscheidung speist.

CHRISTMAS HUMPHREYS

6

MAI

Ein Mann fragte: «Wie kann man immer beim Buddha sein?» Der Meister erwiderte: «Laß deinen Geist still bleiben. Nimm die Welt gelassen an. Bleib vollkommen leer und ruhig. So kannst du allezeit beim Buddha sein.»

7

MAI

«Wohin gehst du?» fragte Tung-shan einen Schüler, der mit geschlossenen Augen still dasaß. Der Schüler antwortete: «Ich trete in die Versenkung ein.» Tung-shan sagte: «Versenkung hat kein Tor. Wie könntest du eintreten?»

尋牛

8

MAI

Vier Zen-Schüler hatten gelobt, sieben Tage lang zu schweigen. Am ersten Tag schweigen sie alle. Ihre Meditationstage hatten gut begonnen, doch als der Abend kam und die Öllampen nur glimmten, konnte einer der Schüler nicht mehr an sich halten und rief: «Jemand müßte diese Lampen in Ordnung bringen!» Ein zweiter Schüler, entsetzt, daß jemand redete, zischte: «Wir dürfen kein einziges Wort reden.» «Ihr Tölpel», sagte der dritte, «jetzt habt ihr beide gesprochen.» Und der vierte verkündete: «Ich habe als einziger nicht geredet.»

9

MAI

Wenn du mit dem Tun aufhören willst, um zu sein,
wird eben dies Bemühen dich mit Tun erfüllen.

SENG-TS'AN

10

MAI

Schüler: *«Ich habe nichts.»*
Meister: *«Dann wirf es weg.»*

11

MAI

Meister Hogen sagte zu einem Mönch: «Sieh dir diesen Felsbrocken an. Ist er in deinem Geist oder außerhalb?» Der Mönch antwortete: «Nach der buddistischen Lehre ist alles eine Projektion des Geistes, also nehme ich an, daß er in meinem Geist ist.» Hogen sagte: «Ist es nicht beschwerlich, solch einen schweren Stein mit dir herumzuschleppen?»

13

MAI

Schüler: *«Das Licht der Buddha-Weisheit erleuchtet die ganze Welt.»*
Meister: *«Du zitierst aus den Schriften, nicht wahr?»*
Schüler: *«Ja.»*
Meister: *«Dann hast du verspielt. Ein gieriger Fisch öffnet das Maul,*
wenn er den Haken sieht.»

14

MAI

Wenn einer eine Lüge erzählt,
geben tausend andere sie als Wahrheit wieder.

ZEN-SPRICHWORT

12

MAI

Ist dein Blick auch nur leicht getrübt,
siehst du nichts als Wahngebilde.

ZEN-SPRICHWORT

15

MAI

Der Buddha ist nicht das große Ziel derer,
die den Weg gehen. Ich persönlich sehe in ihm
ein Arschloch, und in den Bodhisattvas
Kerkermeister.

LIN-CHI

16

MAI

Es hat nie Buddhas gegeben, und heilige Lehren existieren nicht. Bodhidharma kam nicht in den Osten, und er übermittelte keine Geheimlehre ohne Worte. Weltlich Gesinnte verstehen das nicht und suchen die Wahrheit außerhalb ihrer selbst. Was sie so verzweifelt suchen, liegt direkt unter ihren Füßen – welche Ironie.

YÜAN-WU

17

MAI

Suche den Buddha außerhalb deines eigenen Geistes,
und der Buddha wird der Teufel.

DOGEN

18

MAI

Es gibt nur einen einzigen Weg zur Buddhaschaft:
Befreie deinen Geist zu sich selbst.

TAO-HSIN

19

MAI

Wenn du etwas Bestimmtes erreichen möchtest, mußt du dich in einen bestimmten Menschen verwandeln, doch dann wird dich das Erstrebte nicht mehr interessieren.

DOGEN

20

MAI

Hier ist es, eben jetzt.
Denk darüber nach, und du verfehlst es.

HUANG-PO

21

MAI

Ikkyu besuchte einen sterbenden Schüler und fragte ihn, ob er seine Hilfe brauche. Der Mann antwortete: «Ich benötige gar nichts, ich gehe einfach ins Unwandelbare ein.» «Wenn du meinst, du seiest etwas, das irgendwohin gehen kann», erwiderte Ikkyu, «dann brauchst du meine Unterweisung noch.»

22

MAI

Von Gedanken verwirrt,
sehen wir Dualität. Nicht durch Ideen behindert,
sehen die Erleuchteten die eine Wirklichkeit.

HUI-NENG

23

MAI

Alles Leben, in all seinen Formen, wandelt sich, und wir überlassen uns dem Strom oder weigern uns, dies zu tun. Wenn wir im Fluß sind, sehen wir, ähnlich wie die Wissenschaft, daß Dinge eigentlich Geschehnisse in Raum und Zeit sind, größere oder kleinere Wirbel im Strom der Zeit. Dann können wir in diesem Fließen unser Karma gleichsam verdauen und frei bleiben von Leiden. Indem wir es annehmen, werden wir eins damit; wo wir uns widersetzen, leiden wir Schaden.

CHRISTMAS HUMPHREYS

24

MAI

Wir müssen nach vollkommenem Dasein streben durch unvollkommenes Dasein.

SHUNRYU SUZUKI

MAI

Sieh den Regenbogen!
Nur wenn der Himmel weint,
erblickst du die Farben
im Licht.

T'AO-SHAN

MAI

Meine Verleumder sind eigentlich gute Freunde,
denn wenn ich gelassen bin und annehme,
wächst in mir die aus dem Ungeborenen
geborene Kraft
der Demut und Liebe.

YUNG-CHIA TA-SHIH

MAI

Meister Seung Sahn lehrt: «Zen-Geist
ist nicht Zen-Geist.» Er drängt seine Schüler,
beschränkte Vorstellungen von Zen aufzugeben
und sich nur an die Frage zu halten:
«Wie ist anderen Menschen am besten zu helfen?»

MAI

Schüler: *Ich bin so entmutigt. Was soll ich tun?*
Soen Nakagawa: *Andere ermutigen.*

MAI

Meister Chu-hung schrieb einst an einem Buch über die
guten Taten von Zen-Mönchen, als ein Schüler ihn fragte:
«Wozu solch ein Buch schreiben, wenn im Zen nichts gut oder
nicht gut ist?»
Der Meister schlug ihn ins Gesicht.
Der erboste Mönch wollte sich eben entfernen, als der
Meister lächelte und sagte: «Mit dir steht's noch nicht zum
besten. Warum wischst du nicht den Schmutz von deinem
eigenen Gesicht?»

MAI

Ein Schüler, der die Leere des Geistes erlangt zu haben
meinte, rühmte sich vor dem Meister: «Jetzt weiß ich nichts
mehr.» Der Meister erwiderte: «Wozu ächzend unter der
Last dieses ‹nichts mehr› herumstolpern?»

MAI

Die Wahrheit muß gelebt und nicht nur
im Munde geführt werden.

HUI-NENG

尋
牛

JUNI

Als Hakuin noch nicht selbst Meister war, ging er zu Meister Shoju, um sein Zen-Begreifen zu demonstrieren.

Als Shoju ihn fragte, was er denn wisse, tat Hakuin, als müsse er sich erbrechen, und verkündete: «Alles, was ich finden kann, werde ich ausstoßen.» Shoju war nicht sehr beeindruckt. Er zwickte Hakuin ordentlich in die Nase und sagte: «Was ist das? Hab ich nicht doch was gefunden?»

JUNI

Mich nachzuahmen, das bringt dich nirgendwohin.
Mein Geist ist ein anderer als deiner.
Wenn deiner wie meiner ist, wirst du hier sein.

HAN-SHAN

JUNI

«Ich kann erklären. Ich weiß.
Ich bin der Lehrer und du der Schüler.»
Wer so etwas sagt, ist der dämonischen
Einflußnahme schuldig.

PAI-CHANG

Im Frühling blühen die Narzissen –
aber nicht dieselben.
Und Verliebte spazieren im Park –
aber nicht dieselben.

PETER GANDY

Zwanzig Mönche und eine schöne Nonne namens Eshun übten mit dem Meister. Etliche Mönche verliebten sich in Eshun, und einer schrieb ihr einen Liebesbrief, in dem er ein privates Treffen vorschlug. Eshun antwortete nichts darauf, aber am nächsten Tag, nach dem Vortrag des Meisters, sagte sie vor allen anderen zu dem Briefschreiber: «Wenn du mich so sehr liebst, dann komm jetzt und umarme mich.»

Ein Mönch sagte zum Meister: «Ich bin schon so lange Euer Schüler, aber Ihr habt mich noch nicht im Pfad des Buddhismus unterwiesen. Bitte lehrt mich.»
Der Meister antwortete: «Wie meinst du das? Jeden Morgen grüßt du mich, und ich grüße zurück. Du bringst mir Tee, den ich annehme und mit Genuß trinke. Was möchtest du denn sonst noch an Unterweisung von mir?»

Am Zen ist nichts Lauwarmes.
Was lauwarm ist, ist nicht Zen.

D. T. SUZUKI

In der Situation, die du jetzt vor dir hast, sonst nirgendwo, ist Zen zu finden – oder gar nicht.

CHRISTMAS HUMPHREYS

DEN BÜFFEL
ZÄHMEN

Der Suchende muß seinen Geist schulen, damit er sich nicht endlos in Verblendung verliert. Hier wird es nun Ernst mit der Zen-Praxis. Die Schulungsmittel sind kein Selbstzweck, sondern sollen im Geist Harmonie stiften, damit er die tiefere Natur des Suchenden mühelos zum Ausdruck bringen kann. Ist der Büffel gezähmt, gehorcht er von sich aus, ohne Kampf oder auferlegte Disziplin. Kuo-an Shih-yüan schreibt:

> *Mit Peitsche und Leitseil,*
> *die sein Abschweifen in die Wildnis verhindern,*
> *wird der Büffel schließlich gut erzogen*
> *und von natürlicher Fügsamkeit sein –*
> *gehorsam ohne Zwang.*

Ein Gedanke folgt dem anderen. Durch Erleuchtung wird alles Wahrheit; durch Verblendung wird alles Irrtum. Nicht aufgrund von Umständen entstehen die Dinge, sondern aus unserem eigenen Geist. Halte das Leitseil fest, und laß kein Schwanken zu.

9

JUNI

Zen ist kein Zeitvertreib,
sondern die gewichtigste Aufgabe im Leben.

D. T. SUZUKI

10

JUNI

Wenn du von weltlichen Sorgen über die Zukunft und
deinen Broterwerb nicht abläßt, wirst du es bedauern.
Folge dem Weg, oder all deine Tage und Nächte
werden umsonst gelebt sein.

DOGEN

11

JUNI

Wird uns heute abend Krankheit befallen?
Wartet morgen der Tod auf uns?
Es gibt keine größere Torheit, als lebendig, aber
nicht bewußt zu sein – nicht dem Buddha-Weg zu folgen.

DER EHRENWERTE CHING

12

JUNI

Zuigan begrüßte sich selbst jeden Morgen und
forderte sich auf: «Bitte wach heute auf.»
Darauf antwortete er: «Ja, das werde ich.»

13

JUNI

Meister Seung Sahn lehrte seine Schüler, zum Loslassen
vom Ich und zur Entdeckung des Selbst gehöre der feste
Entschluß, Erleuchtung zu finden und anderen zu helfen.
Zu ihrer Unterstützung hätten sie die buddhistischen Gebote,
doch man müsse wissen, wann sie zu beachten und wann sie
zu brechen seien, wann sie offen seien und wann geschlossen.

14

JUNI

Mein Mitgefühl für alle Lebewesen
soll wie der grenzenlose Himmel sein.
Befreit, muß der Geist nicht mehr
an weltlichen Dingen festhalten.
Wenn ich auch in dieser Welt der Illusion lebe,
soll meine Meditation doch wie die Lotosblüte sein,
die sich schön und makellos aus dem Schlamm erhebt.
Mit geläutertem Geist huldige ich
dem Buddha, dem Erleuchteten.

ZEN-REZITATION NACH DEN MAHLZEITEN

15

JUNI

Ich habe keine Eltern; Himmel und Erde seien meine Eltern.
Ich habe keine göttliche Macht; Redlichkeit sei meine Macht.
Ich habe keine Mittel; Ergebenheit sei mein Mittel.
Ich habe keine Zauberkraft; innere Stärke sei mein Zauber.
Ich habe nicht Leben noch Tod; die Ewigkeit
sei mein Leben und Tod.
Ich habe keine Pläne; die Gelegenheit sei mein Plan.
Ich habe keine Wunder; der Weg sei mein Wunder.
Ich habe keine Prinzipien; die Anpassungsfähigkeit
sei mein Prinzip.
Ich habe keine Freunde; mein Geist sei mein Freund.
Ich habe keinen Feind; Unachtsamkeit sei mein Feind.
Ich habe keine Rüstung; Wohlwollen und Rechtschaffenheit
seien meine Rüstung.
Ich habe keine Festung; der unbewegte Geist sei meine Festung.

ZEN-BEKENNTNIS DER SAMURAI

JUNI

Tai-an bat Meister Po-chang: «Helft mir bei meiner Suche nach dem Buddha.» Po-chang antwortete: «Das ist wie den Ochsen suchen, wenn du auf ihm reitest.» Tai-an fragte: «Was soll einer tun, wenn er das weiß?» Der Meister erwiderte: «Er soll auf dem Ochsen heimreiten.» Tai-an bedrängte ihn: «Sagt mir Näheres.» Po-chang erklärte: «Sei wie der Hirte, der sein Vieh hütet und seinen Stock gebraucht, damit es nicht auf fremdes Weideland gerät.»

JUNI

Meister Kyong Ho riet seinen Schülern,
nicht auf ein Leben ohne Probleme zu hoffen.
Das leichte Leben erzeuge einen urteilenden und trägen Geist.
Am besten sei es, sich an das alte Sprichwort zu halten:
«Nimm die Ängste und Schwierigkeiten dieses Lebens an.»

JUNI

Das Leiden will ertragen und nicht gefürchtet sein.
Wir führen es selbst herbei, und es wird weichen, wenn wir
die Ursache bereinigen – vorher nicht.

CHRISTMAS HUMPHREYS

JUNI

Taten und Gedanken sind nach der buddhistischen Lehre schöpferisch. Wir denken und tun nie einfach nur für den Augenblick, sondern für nicht abzusehende Zeit; darin liegt eine weltgestaltende Kraft, die Anlage künftigen Glücks oder Schmerzes.

LAFCADIO HEARN

22
JUNI

Meister Kyong Ho riet seinen Schülern, Freundschaften zu schließen, aber keinen Nutzen davon zu erwarten. Ichbezogene Freundschaft ist dem Vertrauen im Wege. Er empfahl, sich an das alte Sprichwort zu halten: «Für dauerhafte Freundschaft habe Reinheit des Herzens.»

23
JUNI

Meditation ist das Behältnis der Weisheit
Und der Garten der Glückseligkeit.
Wie reines Wasser
Wäscht sie den Staub des Begehrens ab
Sie ist eine Rüstung gegen böse Gelüste.
Auch wenn du das Nicht-Tun noch nicht erlangt hast,
Bist du doch auf dem Weg zum Nirvana.
Wenn Erregung sich erhebt wie Staub, der die Sonne verdunkelt,
Wird Regen sie vielleicht besänftigen
Und Verstandeseinsicht sie zerstreuen,
Doch nur die Meditation wird sie für immer beseitigen.

CHISHA DAISHI

20
JUNI

Letzter Ursprung der Untugend sind Gier, Ärger und Unwissenheit – die drei Gifte des Geistes.

HUI-NENG

21
JUNI

Buddhismus ist der immerwährende Feind des Hangs zur Selbstverherrlichung.

CHRISTMAS HUMPHREYS

 24

JUNI

Wenn du etwas tust,
verbrenne dich ganz,
wie in einem Freudenfeuer, keine Spur soll von dir bleiben.

SHUNRYU SUZUKI

25

JUNI

Geist aufgewühlt, alle Dinge aufgewühlt.
Geist nicht aufgewühlt, nichts aufgewühlt.
Und nichts hat einen Namen.

DAIJU

 26

JUNI

Wenn du ständig keine Freude an deiner Meditationsübung
hast, machst du etwas falsch.

SHEN-TS'ING

 27

JUNI

Ein einziges Mal zu meditieren
tilgt unzählige angehäufte Sünden.

HAKUIN

28

JUNI

Wenn du gehst, geh einfach nur.
Wenn du sitzt, sitz einfach nur.
Aber schwanke nicht.

YÜN-MEN

29

JUNI

Ein Meister sah einen Mönch den ganzen Tag meditieren. «Was willst du auf diese Weise erreichen?» fragte er. Der Mönch antwortete: «Ein Buddha werden.»
Der Meister nahm einen Ziegelstein und fing an, ihn an einem Stein zu wetzen. «Was macht Ihr da?» fragte der Mönch. «Einen Spiegel», sagte der Meister. «Durch das Polieren eines Ziegels gewinnt man doch keinen Spiegel», sagte der Mönch. «Und durch endloses Sitzen mit überkreuzten Beinen wirst du keinen Buddha hervorbringen», erwiderte der Meister.

30

JUNI

Was auch immer wir sehen, gerät aus dem Gleichgewicht und wandelt sich. Das Schöne sieht schön aus, weil es die Balance verloren hat, doch sein Hintergrund ist vollkommene Harmonie. So existiert alles im Reich des Buddha-Wesens: Es büßt sein Gleichgewicht ein vor dem Hintergrund der vollkommenen Ausgewogenheit. Wenn man also die Dinge ohne Berücksichtigung des Buddha-Wesens in ihrem Hintergrund betrachtet, scheint sich alles im Zustand des Leidens zu befinden. Versteht man aber diesen Hintergrund, dann weiß man, daß Leiden unsere Art zu leben und das Leben auszuweiten ist.

SHUNRYU SUZUKI

1

JULI

Meditation ist nicht Zen.

D. T. SUZUKI

JULI

Hui-ke bat Bodhidharma flehentlich um Unterweisung. Er
stand im knietiefen Schnee, und der Meister beachtete ihn
nicht einmal. Hui-ke soll sich sogar mit einem Schwert den
rechten Arm abgeschlagen haben, um die Ernsthaftigkeit
seines Begehrens zu demonstrieren.
Endlich fragte ihn Bodhidharma, was er denn wolle. Hui-ke
sagte: «Mein Geist hat keinen Frieden; bitte helft mir, ihn zu
befrieden.» Bodhidharma erwiderte: «Weise mir deinen
Geist vor, und ich werde ihn befrieden.» Verdutzt erklärte
Hui-ke nach einer Weile: «Ich habe nach meinem Geist
gesucht, aber ich finde ihn nicht.» «Da», sagte Bodhidharma,
«ich habe ihn schon befriedet.»

JULI

Wenn du dein wahres Selbst kennst,
ist das Geheimnis dein.

HUI-NENG

JULI

Frage dich immer wieder mit aller Entschlossenheit: «Was ist es, das hört?» Schließlich, wenn du dein Fragen ganz ausgeschöpft hast, wird die Frage aufbrechen, und du wirst dich wie von den Toten auferstanden fühlen. Das ist die Erleuchtung. Du wirst Auge in Auge mit allen Buddhas aller vergangenen und zukünftigen Welten sein.

BASSUI TOKUSHO

JULI

Die Zen-Tradition sieht ihren Ursprung in einer besonderen Unterweisung des Buddha. Einst hatte sich eine große Anhängerschar auf dem Geierberg versammelt, um seine Lehrrede zu hören. Der Buddha saß lange schweigend, dann hielt er eine Blume hoch, ohne ein Wort zu sagen. Alle sahen ihn erstaunt an, nur Mahakashyapa lächelte. Er hatte das große Erwachen erlebt und wurde der erste Patriarch des Buddhismus.

JULI

Gib dich selbst an andere weg.
Übergib dich dem Leben.
Gib es auf, alles verstehen zu wollen.
Gib dich nur einfach ganz.

T'AO-SHAN

JULI

Die Erfahrung ist nicht das Ziel des Zen-Strebens, denn der Wunsch, etwas zu erreichen, macht sich selbst zunichte. Da ist immer noch jemand, der etwas erreichen möchte, und in Wahrheit gibt es weder Sucher noch Gesuchtes, noch Suche – sie sind bloßer Wahn, Schleier vor der Wirklichkeit.

CHRISTMAS HUMPHREYS

JULI

Wenn dein Geist stets gänzlich leer ist, wirst du die Reinheit erlangen. Doch denke nicht an sie, sonst verlierst du sie. Verfällst du jedoch wieder der Nicht-Reinheit, so beachte sie einfach nicht, und du wirst wieder frei sein.

ZEN-LEHRE

9

JULI

Meister Chao-chou kehrte das Kloster aus, als er von einem Mönch gefragt wurde: «Weshalb müßt Ihr kehren? Ihr seid ein großer Meister, frei vom Staub böser Gedanken.» Chao-chou erwiderte: «Der Staub kommt von draußen.»

10

JULI

Laß dich nicht von etwas Äußerlichem oder Konventionellem blenden. Zen will mit bloßen Händen ergriffen sein, ohne Handschuhe.

D. T. Suzuki

11

JULI

Wenn man beide Seiten der Münze gleichzeitig sieht, begegnet man den Ansichten derer, die nur eine Seite sehen, toleranter.

Christmas Humphreys

12

JULI

Ein Mönch verneigte sich vor einer Buddha-Statue, und Meister Chao-chou versetzte ihm einen Schlag. «Ist es nicht löblich, sich vor dem Buddha zu verneigen? fragte der Mönch. «Doch», erwiderte der Meister, «aber ohne etwas Löbliches zu sein ist noch besser.»

13

JULI

Meister Huang-po warf sich so oft nieder, daß er eine dicke Schwiele an der Stirn bekam. Er sagte: «Wenn ich mich niederwerfe, werfe ich mich einfach nieder.»

14

JULI

Räucherwerk abzubrennen, sich vor dem Buddha zu verneigen, zu beten, zu beichten, die Schriften zu lesen – all das ist vom Beginn der Zen-Schulung an vollkommen unnötig. Mach dich frei vom Haften an Körper und Geist – nur darauf kommt es an. Werde der Buddha. Tust du es, so wird deine Versunkenheit die ganze Welt in Licht verwandeln.

DOGEN

15

JULI

An dieser Lehre ist nichts, worüber zu streiten wäre. Das hieße, ihren Sinn gänzlich zu verfehlen. Lehren, die zu Disput und Streit verleiten, können nicht von Geburt und Tod befreien.

HUI-NENG

16

JULI

Es ist direkt vor deiner Nase. Eben jetzt wird dir die ganze Sache ausgehändigt.

YÜAN-WU

17

JULI

Meister Tung-shan wog gerade Flachs, als ein Mönch ihn fragte: «Was ist Buddha?» Tung-shan sagte: «Drei Pfund Flachs.»

18

JULI

Schüler: *«Was ist Buddha?»*
Yün-men: *«Getrockneter Mist.»*

AUF DEM BÜFFEL
NACH HAUSE REITEN

Der einst rastlose und störrische Geist trägt den Suchenden nun bereitwillig der Erleuchtung zu. Auf dieser Stufe bekommt der Schüler das Gefühl, daß sein Weg tatsächlich zu etwas führt. Die Welt ist zum Leben erwacht, und er fühlt sich als Teil ihrer Rhythmen und ihrer Harmonie. Er geht gelassener weiter, doch das ist noch längst nicht das Ende der Reise. Kuo-an Shih-yüan schreibt:

Ich reite auf dem Büffel ohne Hast heimwärts.
Die Melodie meines Liedes grüßt den Abend.
In mir ist der Rhythmus, ich bin die Harmonie.
Wer könnte sagen,
ich sei keiner von denen, die wissen?

Der Kampf ist vorüber. Erfolg und Mißlingen beschäftigen den Hirten nicht mehr. Er summt eine schlichte ländliche Weise. Auf dem Rücken des Büffels sitzend, weilt seine Aufmerksamkeit nicht bei den Dingen der Welt. Was auch immer noch versuchen mag, ihn zu umgarnen, er zieht geradewegs weiter.

22

JULI

Halte dich nicht da auf, wo du den Buddha findest, sondern geh schnell weiter dorthin, wo er noch nicht gefunden worden ist.

ZEN-SPRICHWORT

 19

JULI

Leben – ist das nicht genug? Leben wir denn also! Bejahen wir! Das ist Zen in all seiner Reinheit und all seiner Nacktheit.

D. T. SUZUKI

 23

JULI

Leben soll man, sagt das Zen, wie ein
Vogel fliegt oder ein Fisch schwimmt.
Kommt es zu Schnörkeln und Zusätzen, ist der Mensch
verloren – kein freies Wesen mehr.

D. T. SUZUKI

 20

JULI

Diese Welt ist das Reich des Buddha.
Hier ist Erleuchtung zu finden.
Durch Abkehr von dieser Welt Erleuchtung zu suchen
ist so unsinnig, wie an einem Kaninchen ein Horn entdecken
zu wollen.

HUI-NENG

21

JULI

Ein wahrhaft geistiger Mensch lebt nur einfach das Leben
weiter, das er schon führt. Unter den Umständen, die es eben
bietet. Es verlangt ihn nicht danach, der Buddha zu sein. Das
kommt ihm nicht einmal in den Sinn.

LIN-CHI

24

JULI

Ikkyus Zen ist unbehauen, direkt und echt. Er war im Freudenhaus genauso daheim wie im Tempel und spricht begeistert von der Lust der körperlichen Liebe. In den Armen eines Freudenmädchens, sagt er, hat er sich nie wie in der Hölle gefühlt. Ein prüder Heiliger war für ihn meilenweit vom Buddha entfernt, und Zen hieß für ihn: ein völlig natürlicher Mensch werden, der das Leben in vollen Zügen genießt.

25

JULI

Nachdem Ikkyu den größten Teils seines Lebens als Vagabund verbracht hatte, wurde er Abt des bedeutendsten Zen-Tempels in Japan. Kurz vor seinem Tod sagte er zu seinen Schülern, manche von ihnen würden nach seinem Ableben meditierende Eremiten in den Wäldern und Bergen werden, während andere dem Wein zusprechen und die Freudenhäuser frequentieren würden. Beide Möglichkeiten waren für ihn legitimes Zen-Leben. Er bat sich nur aus, daß niemand sich zum Berufspriester machen ließe, um dann über den «Zen-Weg» zu faseln. Wer diesen Weg einschlage, sei nicht sein Freund, sondern sein Feind.

26

JULI

Wohin geht mein Leben?
Still meditierend sitze ich allein in meiner Hütte.
Durch all mein Denken habe ich kein Wissen gewonnen.
Dies ist mein Jetzt. Ewiger Wandel und Leere.
Für ein Weilchen ruht hier das Ich aus von seinem Ja und Nein.
Ich folge meinem Karma – vollkommen zufrieden.

RYOKAN

27

JULI

So etwas wie eine Zeit zur Zen-Übung gibt es nicht:
vierundzwanzig von vierundzwanzig Stunden.
Zen ist eine Art zu leben. Genauer:
das Leben so zu leben, wie es sich selbst lebt.

CHRISTMAS HUMPHREYS

28

JULI

Meditiere nicht, um eines Tages Erleuchtung zu finden.
Meditiere, um dein Leben jetzt reicher zu machen.
Meditiere beim Sitzen und Gehen,
wenn du deine Mutter umarmst oder dein Kind versorgst.
Meditiere, um Freude in dein Dasein zu bringen.

SHEN-TS'ING

29

JULI

Wer ist es, der lauscht? Finde es heraus – jetzt!
Die Frage von Leben und Tod ist gewaltig, und die Zeit
verstreicht. Nutze sie gut. Sie wartet nicht auf dich.

BASSUI TOKUSHO

30

JULI

Äußerlich in der Welt von Gut und Böse,
doch ohne daß Gedanken das Herz aufrühren –
das ist Meditation.
Innerlich das eigene wahre Wesen sehen
und sich nicht davon ablenken lassen –
das ist Meditation.

HUI-NENG

1

AUGUST

Meditation in Bewegung ist hundertmal, tausendmal, millionenmal besser als Meditation in Ruhe.

ZEN-SPRICHWORT

2

AUGUST

Versucht, Euren Geist nicht auf eine bestimmte Stelle zu sammeln, sondern laßt ihn den ganzen Körper erfüllen. Laßt ihn Euch ganz durchströmen. Dann werdet Ihr Eure Hände spontan benutzen, wie es notwendig ist, und Eure Beine und Augen, wie es angebracht ist, ohne Zeit und Kraft zu vergeuden.

MEISTER TAKUAN IN EINEM BRIEF AN EINEN SCHWERTMEISTER

31

JULI

Ein Zen-Schüler
geht im Zen und sitzt im Zen.
Redend und handelnd
oder schweigend und still –
er ist immer in Frieden.
Er lächelt seinen Henker an,
er bleibt gelassen,
selbst im Augenblick des Todes.

YOKA DAISHI

3

AUGUST

Es ist wichtig, den Geist in eine Verfassung zu bringen, die man «unbewegte Weisheit» nennt. Das heißt nicht, starr oder schwer oder tot zu sein wie ein Stein oder Holzklotz. Gemeint ist vielmehr fließende Beweglichkeit um ein bewegungsloses Zentrum; dann ist Euer Geist klar und wird die Aufmerksamkeit stets genau dahin lenken, wo sie benötigt wird.

TAKUAN

4

AUGUST

Zen ist eine am Himmel ziehende Wolke. Keine Schraube, keine Schnur kann es halten – es bewegt sich, wie es will. Wieviel man auch meditiert, Zen bleibt nicht an einer Stelle.

D. T. SUZUKI

5

AUGUST

Denk dir Dinge in Bewegung als fest und stillstehende als in Bewegung, dann verschwindet beides, Bewegung und Stillstand.

SENG-TS'AN

6

AUGUST

Nicht an Vergangenem hängen und sich nicht nach Künftigem sehnen, das ist besser als eine Pilgerfahrt von zehn Jahren.

LIN-CHI

7

AUGUST

Alles zu einem einzigen Koan machen – husten, schlucken, winken, Bewegung und Ruhe, sprechen und handeln, Gut und Böse, Ruhm und Schande, Verlust und Gewinn, recht und unrecht –, das ist wahre Meditation.

HAKUIN

AUGUST

Die unbewegte Mitte wird spontan auf alles reagieren,
was sich zeigt. Der Spiegel der Weisheit
spiegelt die Dinge, sobald sie erscheinen,
und bleibt doch stets unverändert und ganz.

TAKUAN

AUGUST

Du brauchst nichts zu meiden oder zu leugnen. Es genügt,
einfach darum zu wissen. Wenn du dich etwas zu
meiden bemühst, hat es doch Einfluß auf dich.
Laß dich nur von nichts beeinflussen oder treiben,
und du wirst sehen, daß du frei bist.

TS'AO-SHAN

AUGUST

Hakuin war wegen seines reinen Lebenswandels geachtet,
doch eines Tages wurde ein Mädchen im Dorf schwanger und
behauptete, er sei der Vater. Die Dorfleute waren sehr
aufgebracht. Als das Kind geboren war, brachten sie es zu
Hakuin und sagten, er müsse es versorgen, denn es sei seins.
Hakuin sagte: «So?» Dann nahm er das Kind und zog es auf.
Ein Jahr darauf gestand das Mädchen, der wahre Vater sei ein
Junge aus dem Dorf. Sehr verlegen gingen die Dorfleute zu
Hakuin und erbaten das Kind zurück, da er doch nicht der
Vater sei. Hakuin sagte: «So?» und übergab das Kind.

AUGUST

Wenn jemand nicht annimmt, was du sagst,
mühe dich nicht, ihn zur Verstandeseinsicht zu bringen.
Laß dich auf keine Debatte ein. Hör dir seine Einwände an,
bis er seinen Irrtum selbst erkennt.

DOGEN

AUGUST

Ein Meister und ein Schüler waren auf dem Heimweg zum Kloster, als sie einer jungen Frau begegneten, die sich fürchtete, den Fluß zu überqueren. Ihrem Gelübde zufolge dürfen Mönche Frauen nicht einmal ansehen, also wandte sich der Mönch ab. Der alte Meister jedoch trug das Mädchen über den Fluß. Später, als sie schweigend ihren Weg fortsetzten, konnte der junge Mönch schließlich nicht mehr an sich halten und rief: «Weshalb habt Ihr das Mädchen berührt? Das verstößt doch gegen das Gelübde.» «Wie denn», sagte der Meister, «trägst du das Mädchen immer noch? Ich habe es am anderen Ufer abgesetzt.»

13
AUGUST

Weisheit zu gewinnen lohnt sich nicht, wenn sie nicht jeden Augenblick in Akte der Barmherzigkeit eingeht; Barmherzigkeit ist keine Hilfe, wenn sie nicht von Weisheit geleitet wird.

CHRISTMAS HUMPHREYS

14
AUGUST

Wisse um das Eine.
Liebe das All.

T'AO-SHAN

15
AUGUST

Die buddhistischen Sutras gab es nur in chinesischer Fassung, und Tetsugen wollte sie auf japanisch herausbringen. Nach zehn Jahren hatte er genügend Spendengelder beisammen, aber zu dieser Zeit gab es Überflutungen und Hungersnöte, und so verwandte er das Geld, um die Leiden zu lindern. Als er abermals genügend Geld gesammelt hatte, suchte eine Seuche das Land heim, und wieder gab er alles aus. Nach zwanzig Jahren konnte er die Sutras endlich veröffentlichen. Die Japaner sagen, er habe die Sutras dreimal veröffentlicht und die ersten beiden Ausgaben seien sogar noch bedeutender als die letzte.

16
AUGUST

Denken Sie an ein Musikstück, etwa an eine große Sinfonie. Wir denken nicht, daß sie noch besser werden könnte oder daß ihr Sinn darin besteht, das Schlußcrescendo zu erreichen. Die ganze Freude ist das Hören in jedem Augenblick.

ALAN WATTS

17
AUGUST

Meister Seung Sahn schärfte seinen Schülern ein, einfach nur das zu tun, was sie taten: «Wenn ihr eßt, eßt. Wenn ihr Zeitung lest, lest nur die Zeitung.»
Ein Schüler sah ihn einmal beim Zeitunglesen während des Essens. Seung Sahn sagte: «Beim Essen und Zeitunglesen einfach nur essen und Zeitung lesen.»

18
AUGUST

In manchen Handlungsweisen, die früheren Generationen als falsch erschienen, sehen wir heute nichts Schlechtes mehr. Es kann Jahrhunderte dauern, bis klar wird, wie man sich zu verhalten hat. Sofortige Zustimmung zu verlangen ist unvernünftig.

ZENGETSU

AUGUST

Ein Zen-Meister wurde zur Beisetzung eines angesehenen Bürgers geladen. Mitten in der Trauerfeier ging er weg. Einer seiner Begleiter folgte ihm und fragte besorgt, was denn los sei. «Dieser Mann», sagte der Meister, «muß ein Heuchler gewesen sein. Jedermann lobt ihn, und keiner findet ein Wort der Kritik.»

AUGUST

Der Kaiser fragt Gudo: «Was geschieht mit einem Erleuchteten nach dem Tod?» Gudo sagte: «Wie soll ich das wissen, ich bin noch nicht gestorben.»

AUGUST

Der erleuchtete Meister ist Amme und zugleich Scharfrichter – wie das Leben selbst. Unter seiner Einwirkung wird der Schüler wiedergeboren, und das ist nur möglich durch den Tod des Ich. Freilich hat dieses Ich nie wirklich existiert und war immer nur Einbildung. Vielleicht sollte man statt «wiedergeboren» lieber «entboren» sagen.

SHEN-TS'ING

AUGUST

Das Leben ist eine Tatsache, und Erklärungen sind hier
weder notwendig noch angebracht.

D. T. SUZUKI

AUGUST

Die plötzliche Einsicht, daß der Buddha dein eigener Geist
ist, daß nichts gedacht und nichts erreicht werden muß – das
ist der Große Weg.

HUANG-PO

AUGUST

Ein verblendeter Gedanke, und wir sind dumpf und
gewöhnlich. Doch schon mit dem nächsten wachen
Gedanken sind wir weise wie der Buddha.

HUI-NENG

AUGUST

Tag für Tag, guter Tag.

YÜN-MEN

AUGUST

Dies Leben ist wie ein Blitz, der kommt und geht,
wie Frühlingsblüten, die welken und fallen.
Freunde, fürchtet nicht nach dem Gedeihen
das Vergehen wie der Frühtau.

VAN-HANH

AUGUST

Es gibt viele Menschen in dieser Welt, unsere unbekannten
Weggefährten, die in der Stille dem Weg zu genügen
versuchen. Überall sind Bodhisattvas, Freunde, die uns durch
die Stürme der Beschwernis führen werden.

THICH THIEN-AN

KEIN BÜFFEL

Der Suchende erreicht sein Zuhause, und auf unerklärliche Weise verschwindet der Büffel. Er erkennt, daß der Büffel nur ein zeitweiliges Objekt seiner Suche war. Durch die Suche ist ihm klargeworden, daß dieses gesonderte Ich, daß er zu sein glaubte, nicht sein wahres Wesen ist. Jetzt weiß er um sein Buddha-Wesen, seine eigentliche Identität. Er muß sich nicht mehr mit Peitsche und Leitseil disziplinieren. Er ist glücklich und in Frieden. Kuo-an Shih-yüan schreibt:

Heimgekehrt,
ist der Büffel plötzlich verschwunden.
Ich sitze allein und in Frieden.
Glücklich und erlöst, Peitsche und Leitseil
beiseite gelegt, grüße ich die Abendsonne
in meinem bescheidenen Heim.

Alles ist eins, nicht zwei. Der Büffel ist ein Sinnbild. Du brauchst nicht Schlinge und Netz, sondern den Hasen und den Fisch. Wie Gold, von den Schlacken geschieden, oder wie der hinter den Wolken aufsteigende Mond, so leuchtet das Eine Licht vom Beginn der Zeit an.

28
AUGUST

Liang-sui schulte sich bei Meister Ma-ku im Zen, und dieser rief dreimal seinen Namen. Dreimal antwortete er mit «ja», worauf der Meister sagte: «Was für ein begriffsstutziger Kerl!» Das öffnete Liang-sui die Sinne, und er begriff.

29
AUGUST

Den Buddhismus studieren heißt dich selbst studieren. Dich selbst studieren heißt dich selbst vergessen.

HASHIDA

30
AUGUST

Der Mensch leidet, weil er Dinge zu besitzen und zu behalten begehrt, die ihrer Natur nach vergänglich sind. Ganz obenan steht dabei die eigene Person, denn sie ist es, womit er sich vom übrigen Leben absondert – die Festung, in die er sich zurückziehen kann und von der aus er sich gegen äußere Kräfte behaupten zu können glaubt.

ALAN WATTS

31
AUGUST

Was wir «Ich» nennen, ist nur eine Schwingtür, die sich bewegt, wenn wir einatmen und ausatmen.

SHUNRYU SUZUKI

1
SEPTEMBER

«Was ist das, was auf mich zukommt?» fragte Hui-neng seinen Schüler Nan-yüeh. Acht Jahre lang ging sein Schüler mit dieser Frage um, dann dämmerte es ihm plötzlich, und er rief: «Wenn man es auch nur ein Etwas nennt, geht man schon fehl!»

2

SEPTEMBER

Schüler: *«Was ist Zen?»*
Meister: *«Es ist direkt vor deinen Augen.»*
Schüler: *«Weshalb sehe ich es dann nicht?»*
Meister: *«Weil du ein Ich hast.»*
Schüler: *«Wenn ich die Ich-Vorstellung nicht mehr habe,*
werde ich dann das Zen verwirklichen?»
Meister: *«Wo kein Ich ist, wer will da Zen verwirklichen?»*

3

SEPTEMBER

Laß los von dem Gedanken: «Ich existiere.»

IKKYU

4

SEPTEMBER

Diese irdische Geburt
hat mich immer schier erdrückt,
aber jetzt kann sie mir nichts
mehr anhaben.

TUE TRUNG

5

SEPTEMBER

Viele Tode folgen vielen Geburten
in ununterbrochenem Kreislauf.
Den Sinn des «Ungeborenen» zu erfassen
führt über Freude und Kummer hinaus.

YOKA DAISHI

6

SEPTEMBER

Wohin ich auch gehe,
da ist er.
Er ist niemand anders als mein Ich,
aber ich bin nicht er.

DOGEN

7

SEPTEMBER

Dies – das allein ist das wahre Selbst,
das Kind, das wachsen und das Universum werden wird.

CHRISTMAS HUMPHREYS

8

SEPTEMBER

Das Leben ist eine Kunst, und es muß wie alle große
Kunst selbstvergessen sein. Da darf es keine Spur von
Anstrengung, von schmerzlichem Empfinden geben.

D. T. SUZUKI

9

SEPTEMBER

Medizin heilt Krankheit.
Die ganze Welt ist Medizin.
Was ist das Ich?

YÜN-MEN

10

SEPTEMBER

Meine Sünden und Mängel verschwinden mit meinem Ich.

IKKYU

11

SEPTEMBER

Wenn du das Zen verwirklichst, siehst du dich in allen Wesen.
Der notleidende Unterdrückte und der grausame Tyrann,
ein hungerndes Kind und ein feister Gutsbesitzer,
der berühmte Heilige und der berüchtigte Schurke, ein Freund,
dem du auf dem Markt begegnest, und ein Fremder, dessen
Namen du nie kennen wirst – alle haben teil
an dem einem Buddha-Wesen.

SHEN-TS'ING

13

SEPTEMBER

Zen lehrt uns, Gutes zu tun, selbst wenn wir allein sind.

THICH THIEN-AN

14

SEPTEMBER

Geh mit aller Entschlossenheit weiter, und da, wo alles ausweglos und die Niederlage sicher scheint, wirf dich in den gähnenden Abgrund vor dir – in die allezeit brennende Flamme deines wahren Wesens. Alles wahnhafte Denken, Fühlen und Wahrnehmen wird mit deinem Ich sterben, und dein Selbst-Wesen wird sich zeigen. Du wirst dich wie neu geboren fühlen, wahrhaft gesund und voller Freude und Frieden.

BASSUI TOKUSHO

12

SEPTEMBER

In Ryokans schlichte Berghütte wurde eines Nachts eingebrochen. Der Dieb fand nichts als den meditierenden Meister. Ryokan sagte: «Du hast einen so weiten Weg hinter dir, ich kann dich nicht mit leeren Händen gehen lassen. Hier, nimm die Kleider, die ich trage.» Der Dieb zog völlig verwirrt von dannen. Ryokan dachte: «Armer Kerl, könnte ich ihm doch nur diesen köstlichen Mond geben.»

15

SEPTEMBER

Satori ist das Aufblitzen einer bis dahin völlig unbekannten Wahrheit im Bewußtsein. Es ist eine Art geistige Katastrophe, die urplötzlich einsetzt, wenn genügend Gedanken- und Demonstrationsmaterial angehäuft ist. Jetzt hat das Angehäufte seine Stabilitätsgrenze erreicht, und das ganze Bauwerk bricht in sich zusammen – und erlaubt dem Auge den ungehinderten Ausblick auf einen neuen Himmel.

D. T. SUZUKI

16

SEPTEMBER

Satori ist ein plötzlicher Einbruch der Intuition, tief und breit genug, um die Schranken des Geistes zu überwinden, das Ganze in den Teil einströmen zu lassen und das Bruchstück für einen Augenblick der Nicht-Zeit das Absolute sehen zu lassen.

CHRISTMAS HUMPHREYS

17

SEPTEMBER

Satori bleibt unvollständig, solange noch die kleinste Unsicherheit besteht, das leiseste Gefühl von «das ist zu schön, um wahr zu sein». Denn darin bekundet sich der Wunsch, an der Erfahrung festzuhalten, damit sie nicht verlorengeht, und solange dieses Gefühl noch besteht, kann die Erfahrung nicht vollständig sein.

ALAN WATTS

18

SEPTEMBER

Der Leichnam, der dich schreckt, geht schon jetzt mit dir umher. Unter diesem dünnen Hautüberzug sind wir bereits gebleichte Knochen. Wir alle, Reich und Arm, Mann und Frau, geehrt und verachtet – wandelnde Knochen. Im Tod gibt es keinen Unterschied – was also sollen diese Unterschiede jetzt ausmachen? Meditiere darüber, und du wirst außerdem etwas in uns allen Gleiches finden, das nicht sterben kann, weil es nicht geboren wurde.

T'AO-SHAN

19

SEPTEMBER

Zen wird Zen, wenn du du selbst wirst.

SHUNRYU SUZUKI

20

SEPTEMBER

Es ist nicht zu greifen, aber auch nicht zu verlieren.

Es sucht sich seinen eigenen Weg.

Wenn du schweigst, spricht es.

Wenn du sprichst, ist es taub.

Kein Hindernis –

Das große Tor der Liebe ist weit geöffnet.

YUNG-CHIA TA-SHIH

21

SEPTEMBER

Ein Donnerschlag, die Pforten des Geistes
springen auf – und sieh, da sitzt das gute alte
Buddha-Wesen in seiner ganzen Schlichtheit.

CHAO-PIEN

SEPTEMBER

Wenn du das Zen verstehen willst, laß dich nicht von anderen narren. Vernichte alle inneren und äußeren Hindernisse augenblicklich. Triffst du den Buddha, töte ihn. Triffst du einen Patriarchen, töte ihn. Zögere nicht, töte sie alle. Nur so geht es. Laß dich von nichts fesseln. Wachse darüber hinaus. Geh weiter. Sei frei!

LIN-CHI

23

SEPTEMBER

Stell dir vor, jemand hängt an einem Baum und kann sich nur mit den Zähnen an einem Ast festhalten. Jemand anders kommt und befragt ihn über den Buddhismus. Antwortet er nicht, mißachtet er den Fragesteller; öffnet er aber den Mund, so verliert er sein Leben. Welcher Ausweg bleibt ihm?

HSIANG-YEN

24

SEPTEMBER

Die Legende berichtet, der Buddha habe bei seiner Geburt ausgerufen: «Über den Himmeln, unter den Himmeln bin ich allein erhaben.» Meister Yün-men sagt dazu: «Wäre ich dabeigewesen, ich hätte ihn mit einem Schlag getötet und den Hunden vorgeworfen.»

25

SEPTEMBER

Meister Nan-ch'üan traf auf eine Gruppe von Mönchen, die einer Katze wegen stritten. Um sie über die Folgen solcher Dummheit aufzuklären, packte er die Katze und sagte, er werde sie töten, wenn niemand etwas zu ihrer Rettung sagen könnte. Keiner sprach ein Wort, und der Meister tötete die Katze. Später kehrte Chao-chou ins Kloster zurück. Nan-ch'üan erzählte ihm, was geschehen war, und fragte, was er denn getan hätte, um das Tier zu retten. Ohne ein Wort zog Chao-chou augenblicklich seine Strohsandalen aus, legte sie sich auf den Kopf und verließ den Raum. Nan-ch'üan sagte zu sich selbst: «Wäre er hiergewesen, würde die Katze noch leben.»

26

SEPTEMBER

Dringe ein. Sei eins mit dem Gegenstand der Kontemplation, wenn du verstehen möchtest. Betrachte das Leben nicht von außen. Sei das Leben.

T'AO-SHAN

KEIN IRGENDETWAS

Wenn alles eins ist, dann gibt es keine gesonderten Dinge. Alles geht auf in Nicht-Dinghaftigkeit. Das Ich, nach dem der Sucher gesucht hat, ist ohne eigene Realität, aufgelöst in der Einheit. Das ist die Nirvana-Erfahrung, die Auslöschung des Ich, die Erfahrung der Leere, traditionell dargestellt als ein leerer Kreis. Es gilt nichts mehr zu erreichen, denn es ist niemand mehr da, der etwas erreichen könnte. Der Suchende hat gefunden, worauf er aus war, doch da ist jetzt kein Ich mehr, das sich im Erfolg sonnen könnte. Kuo-an Shih-yüan schreibt:

> Peitsche und Leitseil, das Ich und der Büffel,
> nichts davon ist ein Ding.
> Am klaren blauen Himmel ist nichts von Botschaft.
> Könnte eine Schneeflocke im Feuer bestehen?
> Dies ist der Ort der alten Meister.

Grenzenlos freier Geist. Wo einst Verblendung war, ist jetzt Abgeklärtheit. Gedanken an Heiligkeit sind bedcutungslos. Er ist nicht erleuchtet, aber auch nicht unerleuchtet. Wo keine Zweiheit ist, können tausend Augen keinen Unterschied erkennen. Selbst wenn die Vögel Blüten auf seinen Weg rieseln ließen, wäre doch aller Lobpreis ohne Bedeutung.

尋
牛

SEPTEMBER

Nur wenn wir bejahen, daß das Ich eine selbstgemachte
Illusion ist, gehen wir den Buddha-Weg.

DOGEN

SEPTEMBER

Gib alles preis – deinen Körper, dein Leben,
dein Ich –, und du wirst Frieden, Gelassenheit,
Nicht-Tun und unaussprechliches Glück erfahren.

YÜAN-WU

SEPTEMBER

Zen ist einfach.
Nur Selbstsucht ist schwierig und schmerzhaft.

SHEN-TS'ING

SEPTEMBER

Gib das Ich auf, und die Welt wird ich.

ZEN-SPRICHWORT

1

OKTOBER

Beim Anblick der Pfirsichblüten
fand der Abt Rei-un Erleuchtung.
So auch Meister Kyogen
beim Schlag des Steins gegen den Bambus.

2

OKTOBER

Alle Zweifel vollständig aufgelöst wie schmelzendes Eis. Ich rief aus: «Wunderbar! Wunderbar! Keine Geburt und kein Tod, von denen ich mich befreien müßte. Keine höchste Erkenntnis, nach der zu streben wäre.»

EIN MEISTER SCHILDERT SEINE ERLEUCHTUNG

3

OKTOBER

Nach Jahren harten Ringens meditierte Ikkyu einmal in einer Sommernacht in einem Boot. Da hörte er den Schrei einer Krähe und fand im gleichen Augenblick Erleuchtung. Als sein Meister Kaso ihm das Siegel der Erleuchtung gab, warf er es zu Boden und ging davon mit den Worten, er brauche keine offizielle Bestätigung. Kaso sagte: «Ohne Zweifel ist Ikkyu mein Nachfolger, aber seine Art ist das Wilde.» Ikkyu führte weiterhin ein exzentrisches, spontanes Leben. Er nannte sich «verrückte Wolke».

4

OKTOBER

Solange andere dich als groß oder weise betrachten,
hast du die Reife noch nicht erlangt.

GEMPO YAMAMOTO

5

OKTOBER

Wenn wir uns vom Ich-Wahn befreit haben, müssen wir unsere innere Weisheit erwecken, den reinen, göttlichen Buddha-Geist. Er ist das göttliche Licht, der innere Himmel, der Schlüssel zu sittlichem Reichtum, der Quell von Einfluß und Macht, die Wurzel von Güte ,Gerechtigkeit, Sympathie, unvoreingenommener Liebe, Menschlichkeit und Barmherzigkeit – das Maß aller Dinge.

KAITEN NUKARIYA

6

OKTOBER

Wenn der Geist aus irgendeinem Grund bereit ist, muß nur ein Vogel fliegen, eine Glocke ertönen, und du kehrst augenblicklich in deine ursprüngliche Heimat zurück.

D. T. SUZUKI

OKTOBER

Hung-jen, der fünfte Patriarch des Zen, suchte einen Nachfolger. Er forderte seine Mönche auf, ihre Einsicht in einem Vers zu bekunden. Shen-hsiu, der Favorit für den Posten, schrieb:

Der Körper ist wie der Bodhi-Baum.
Der Geist ist wie ein klarer Spiegel.
Achte darauf, ihn stets sauber zu halten,
unbefleckt vom Staub der Unreinheiten.

Der Meister war nicht sehr beeindruckt. Als der schriftunkundige Küchenhelfer Hui-neng den Vers hörte, bat er einen anderen Mönch, folgendes für ihn niederzuschreiben:

Da ist kein Bodhi-Baum.
Da ist kein Spiegel.
Alles ist Leere.
Wo sollte sich Staub absetzen?

Hui-neng wurde der sechste und letzte Zen-Patriarch.

OKTOBER

Schüler: *«Sind Worte der Geist?»*
Daiju: *«Nein. Worte sind gegenständlich. Sie sind nicht der Geist.»*
Schüler: *«Abgesehen von den Worten – was ist dann Geist?»*
Daiju: *«Einen von Worten unabhängigen Geist gibt es nicht.»*
Schüler: *«Was also ist der Geist?»*
Daiju: *«Geist ist ohne Form und Bild. Tatsächlich ist er weder unabhängig noch abhängig von Worten. Er ist stets frei und unbewegt.»*

OKTOBER

Schüler: *«Was ist der Geist?»*
Meister: *«Geist ist Buddha.»*
Schüler: *«Danke. Jetzt verstehe ich.»*
Meister: *«Da du nun verstehst, sage ich, daß es in Wahrheit keinen Geist und keinen Buddha gibt.»*
Schüler: *«Weshalb sagtet Ihr dann: ‹Geist ist Buddha›?»*
Meister: *«Ich mußte das weinende Kind beruhigen.»*

Dein Urangesicht kann man an keine bestimmte Stelle setzen. Es wird noch sein, wenn das Universum nicht mehr ist.

YÜN-MEN

Tung-shan: «*Ich zeige den Lebewesen die Wahrheit.*»
Schüler: «*Was sind sie dann?*»
Tung-shan: «*Nicht mehr Lebewesen.*»

Zen ließe sich definieren als die Einheit von Mensch und Universum, als Einklang des Geistes mit wechselnden Formen, als ein Zustand des Einsseins, in dem alle Unterscheidungen von «Ich» und «Nicht-Ich», Erkennendem und Erkanntem, Sehendem und Gesehenem wegfallen.

ALAN WATTS

Alles ist verbunden, nichts existiert für sich allein. Spräche ich nicht diese Worte, könntet ihr sie nicht hören. Ohne meine Eltern wäre ich nicht, und ohne ihre Eltern wären sie nicht. Ohne Sonne und Regen für die Feldfrüchte, ohne den Bauern, der sie anbaute, und den Bäcker, der das Brot buk, hätten sie nichts zu essen gehabt. Ohne die Erde, die uns trägt, ohne Luft zum Atmen – wie wollten wir leben? Wovon könnte man überhaupt sagen, es könne ohne all die anderen Dinge sein? Alle Dinge sind Teil des einen Dings. Das ist nicht erklügelt, sondern die Wahrheit.

T'AO-SHAN

15

OKTOBER

Meister Wu-men meditierte sechs Jahre lang mit «Mu», bis er eines Tages beim Klang der Klosterglocke Erleuchtung fand. Schülern, die mit diesem Koan meditierten, gab er folgenden Rat: «Sammelt euch mit allem, was ihr seid, mit allen Knochen und Poren, auf Mu, bis ihr ein einziger Klumpen Zweifel geworden seid. Tag und Nacht, ohne Unterlaß, versenkt euch darein. Seht es nicht an als ‹Nichts› oder als ‹Sein› oder ‹Nicht-Sein›. Es muß sein wie eine rotglühende Eisenkugel, die ihr verschluckt habt und nicht wieder ausspeien könnt. Vergeßt alle verblendeten Gedanken und Gefühle, die euch lieb sind. Nach geraumer Zeit reift Mu heran, und Innen und Außen werden spontan eins. Ihr werdet sein wie Stumme, die einen Traum gehabt haben. Ihr werdet einzig für euch selbst wissen. Mu wird urplötzlich aufbrechen, die Erde erschüttern und den Himmel öffnen.»

14

OKTOBER

Alle Phänomene sind, wie der Buddha sagt, leer. Weshalb sagt der Buddha das? Weil alle Dinge als Zusammenfügung verschiedenster Bestandteile entstehen und existieren. Was existiert, ist in seiner Existenz von anderen Dingen abhängig, und daher fehlt ihm ein unwandelbarer Kern eigenständiger Wirklichkeit. Deshalb wird es als leer angesehen.

THICH THIEN-AN

OKTOBER

Mu ist die dritte Möglichkeit außer »ja« und «nein».
Es besagt, daß Bejahen und Verneinen die Frage nicht
beantworten kann. Solche Antworten erfassen
die Wahrheit nicht.

SHAN-TS'ING

OKTOBER

Ein Mönch fragte Chao-chou: «Hat ein Hund Buddha-
Wesen?» Chao-chou antwortete: «Wu» (japanisch «Mu»).
D. T. Suzuki merkt an, Chao-chous Antwort habe gar nichts
Rätselhaftes. Sein «Wu» bedeutete einfach «Wu» — genau
das, was der Hund auch gesagt hätte.

OKTOBER

Meister Shou-shan zeigte bei der Darlegung einen Stock
und sagte: «Nennt dies einen Stock, und ihr sagt etwas
Unwahres. Nennt es Nicht-ein-Stock, und ihr verneint etwas
Offensichtliches. Ohne zu behaupten oder zu verneinen –
wie nennt ihr es? Sprecht sofort!» Ein Mönch sprang auf,
zerbrach den Stock und fragte: «Was ist das?»

OKTOBER

Die Wahrheit ist nicht auffindbar.
Wenn du sagst, du siehst sie,
ist es nicht die Wahrheit.
Überlaß die Dinge nur sich selbst,
und da ist nichts Unwahres,
nur der Geist selbst.
Ist der Geist im Unwahren befangen,
läßt sich nirgendwo Wahrheit entdecken.

HUI-NENG

OKTOBER

Das Universum der Phänomene ist wie ein Film, der auf die leere Leinwand projiziert wird. Der Film ist eine kontinuierliche Folge sich ändernder Bilder. Wir lassen uns manchmal zur Identifikation mit den Gestalten auf der Leinwand verleiten. Dann lachen oder weinen wir mit ihnen, schwellen vor Stolz an oder werden ganz aufgeregt vor Spannung, doch das macht sie nicht real, und wenn der Projektor anhält, verschwinden alle diese Gestalten, die uns so nahegingen, ins Nichts – mitsamt ihrer Liebe und ihrem Haß, ihren Freuden und Kümmernissen, ihren Abenteuern und Intrigen. Die Welt ist wie solch ein Film auf der Leinwand – flüchtig, substanzlos, leer. Selbst das, was wir unser Ich nennen, erweist sich bei näherer Betrachtung als bloße Erscheinung ohne letzte Wirklichkeit.

THICH THIEN-AN

OKTOBER

Zwei Mönche stritten sich. Der eine sagte: «Die Flagge bewegt sich.» Der andere sagte: «Nein, der Wind bewegt sich.» Hui-neng hörte das und sagte: «Weder die Flagge noch der Wind bewegt sich. Was sich bewegt, ist euer Geist.»

22

OKTOBER

Eine Nonne namens Miao-hsin hörte, wie ein paar Mönche darüber diskutierten, ob sich die Flagge oder der Wind oder der Geist bewege. Alle räumten ein, daß sie nicht verstanden. Leise, nur zu sich selbst, sagte Miao-hsin: «Wie schade, diese armen Mönche haben den Weg des Buddha noch nicht einmal in ihren Träumen gesehen.» Jemand hatte es aber doch gehört und erzählte den Mönchen davon. Sie kamen sich ganz klein vor und baten die Nonne um Belehrung. Sie sagte: «Nicht der Wind bewegt sich. Nicht die Flagge bewegt sich. Nicht der Geist bewegt sich.»

23

OKTOBER

Als junger Zen-Schüler suchte Yamaoka Tesshu Meister Dokuon auf. Er wollte mit seinem Verständnis buddhistischer Philosophie Eindruck schinden und sagte: «In Wahrheit existiert nichts – nicht der Geist, nicht der Buddha, nicht irgendein Lebewesen. Leere ist der Quell aller Phänomene. Es gibt weder Erleuchtung noch Verblendung, weder weise noch gemeine Menschen. Es gibt kein Geben und kein Empfangen.» Dokuon saß schweigend da, rauchte seine Bambuspfeife und übersah den Schüler einfach, den das zunehmend aufbrachte. Plötzlich versetzte der Meister Yamaoka einen deftigen Schlag mit der Pfeife, was diesen zornig aufschreien ließ. «Wenn nichts existiert», erkundigte sich Dokuon, «woher dann dieser Zorn?»

24

OKTOBER

Da ist nur der eine Weg – gerade, offen und völlig frei von Hindernissen.

YÜAN-WU

25

OKTOBER

Der Mann aus Holz fängt an zu singen.
Die Frau aus Stein fängt an zu tanzen.
Gelehrsamkeit und Logik bringen das
nicht zustande.

TUNG-SHAN

26

OKTOBER

Satsu, ein Mädchen von sechzehn Jahren, erlebte als Hakuins Schülerin bald das Erwachen. Einmal traf ihr Vater sie auf einer Kiste sitzend an. «Was tust du da?» rief er. «In der Kiste ist eine Buddha-Statue.» Satsu antwortete dem erstaunten Vater: «Wenn du einen Ort weißt, an dem Buddha nicht ist, bring mich hin.»

RÜCKKEHR
ZUM URSPRUNG

Die älteren taoistischen Fassungen der zehn Büffelbilder enden mit dem achten Bild. Der Zen-Meister erkennt jedoch, daß in diesem Zustand noch ein subtiler Rest von Dualität ist, denn es gibt immer noch «Nirvana» und sein Gegenteil, »Samsara« – die Leere und die Welt der Erscheinungen, das Eine und das All. Hier muß das Bewußtsein noch wachsen, und wenn der Schüler zum Ursprung kommt, sieht er, daß zwischen Nirvana und Samsara kein Unterschied besteht. Sie sind die beiden Seiten der Einen Wirklichkeit. Er war immer da, wo er sein mußte. Die Dinge sind einfach das, was sie sind. Alles geschieht einfach. Kuo-an Shih-yüan schreibt:

> Ich bin zur Wurzel zurückgekehrt, und das Ringen ist vorbei.
> Von Anfang an war da niemand,
> der irgend etwas hätte sehen oder hören können.
> Außerhalb meines wahren Zuhauses gibt es nichts.
> Flüsse strömen still, und rote Blumen blühen.

Von Anfang an war er rein, makellos und unbefleckt. Von einem Ort unerschütterlicher Gelassenheit aus ist er Zeuge dessen, was geschaffen und zerstört wird. Er identifiziert sich nicht mit der Illusion des Getrenntseins. Die Wasser sind blau, die Berge grün. Ruhig betrachtet er alle Dinge in ihrem Wandel.

27

OKTOBER

Wo alles als eins gesehen wird, kehren wir zum Ursprung
zurück und bleiben da, wo wir immer waren.

SENG-TS'AN

28

OKTOBER

Wir haben alles, brauchen nichts, sind jedes Ding.
Und alles ist eins, nur eins, nicht zwei.

CHRISTMAS HUMPHREYS

29

OKTOBER

Alle Buddhas und alle Lebewesen sind nichts als Ausdruck
des Einen Geistes. Es gibt sonst nichts. Dieser Geist hat
keinen Anfang. Er ist ungeboren und hat kein Ende.

HUANG-PO

30

OKTOBER

Wenn ich «ja» sage, bejahe ich nichts, und wenn ich «nein»
sage, verneine ich nichts. Ich stehe über «ja» und «nein». Da
ist nur dieser Zustand absoluter Reinheit, pur und nackt.

YÜAN-WU

31

OKTOBER

Hier ist das ungekünstelte Ich, dein Urangesicht.
Hier ist die Landschaft deiner Geburt,
unverhüllt und schön.

YÜAN-WU

1
NOVEMBER

Alle Dinge sind leer.

Sie haben keinen Anfang und kein Ende.

Sie sind fehlerlos und nicht fehlerlos.

Sie sind nicht vollkommen und nicht unvollkommen.

In dieser Leere ist weder Form noch Wahrnehmung,

Noch Namen, noch Begriffe, noch Erkenntnis.

Hier gibt es weder Verfall noch Tod.

Es gibt keine Vier Edlen Wahrheiten –

Kein Leiden, keinen Ursprung des Leidens.

Kein Aufhören des Leidens

Und keinen Pfad zum Aufhören des Leidens.

Es gibt kein Wissen vom Nirvana,

Kein Erlangen und Nichterlangen des Nirvana.

ZEN-REZITATION VOR DEN MAHLZEITEN

2
NOVEMBER

Wenn du verstehst, daß Geist Nicht-Geist ist, verstehst du
den Geist und sein Wirken.

BODHIDHARMA

3

NOVEMBER

Jahre des Wühlens in der Erde auf der Suche nach blauem
Himmel, Mittelmaß häufend, Schicht um Schicht.
Dann wurde eines Nachts das Dach weggeweht,
und das ganze Bauwerk ging auf in Leere.

MUSO

4

NOVEMBER

Das Licht des Bewußtseins umfängt das ganze Universum.

PAN-SHAN

5

NOVEMBER

Es ist, wie Licht zu sehen in tiefer Dunkelheit, wie in der
Armut Reichtum zu empfangen. Du wirst offen und klar. Du
hast Einblick in das Wesen der Dinge, und sie kommen dir jetzt
wie Blüten in einem Märchen vor, ohne greifbare Wirklichkeit.

YÜAN-WU

6

NOVEMBER

Die Stille ist nicht die der vegetationslosen Wüste oder die
einer Leiche, für immer entschlafen und dem Verfall
preisgegeben. Es ist die Stille des «ewigen Abgrunds», in
dem alle Gegensätze und Bedingungen begraben sind; es ist
das Schweigen Gottes, der, in Betrachtung seiner früheren,
gegenwärtigen und künftigen Werke versunken, still auf
seinem Thron der absoluten Einheit und Allheit sitzt.

D.T. SUZUKI

Ein Eroberer und Tyrann fiel mit seinem Heer über das Land her, alles verwüstend. Einmal kamen sie zu einem Dorf, dessen Bewohner sich in die umgebenden Hügel geflüchtet hatten – bis auf einen alten Mönch. Den Tyrannen erzürnte die Dreistigkeit des Mönchs, so daß er selbst schnaubend das Kloster betrat und den völlig ruhigen Meister anfuhr: «Weißt du nicht, wer ich bin?» Mit einem Lächeln und nach wie vor seelenruhig erwiderte der Meister: «Weißt du nicht, wer ich bin? Ich könnte ohne ein Blinzeln hier stehen, wenn du dein Schwert ziehst und mich mitten durchhaust.»

7

NOVEMBER

Der Geist, in den wir unser Vertrauen setzen müssen, ist nicht als Objekt erfahrbar. Er ist das, was schon immer bei dir und auf deiner Seite gewesen ist. Auch deine Augen sind auf deiner Seite, denn du kannst deine Augen nicht sehen, und deine Augen können nicht sich selbst sehen. Augen sehen nur Äußeres, Gegenständliches. Wenn du über dein Ich nachdenkst, ist es nicht dein wahres Ich. Du kannst dich nicht als Gegenstand projizieren und dann darüber nachdenken. Der Geist, der stets auf deiner Seite ist, ist nicht einfach deiner, sondern universaler Geist, immer derselbe, nicht verschieden vom Geist anderer. Er ist Zen-Geist – großer, großer Geist.

SHUNRYU SUZUKI

9

NOVEMBER

Te-shan trug, wo er auch war, immer die Schriften bei sich – bis zum Tag seiner Erleuchtung, an dem er sie allesamt verbrannte und dabei rief:
«Wie tief man auch die Philosophie verstanden haben mag, es ist doch nur wie ein Haar in der Weite des Raumes. Wie welterfahren man auch sein mag, es ist doch nur wie ein Wassertropfen, der in einen bodenlosen Abgrund fällt.»

NOVEMBER

Dein Geist ist frei, still, sich selbst genügend.
Er ist über allen Formen.

YÜAN-WU

NOVEMBER

Tao-wu fragte Shih-t'ou: «Was ist die Essenz des Buddhismus?» Der Meister antwortete: «Nicht erreichen, nicht wissen.» Tao-wu fragte: «Gibt es beim Überschreiten einen Wendepunkt?» Der Meister sagte: «Der leere Himmel läßt die Wolken einfach ziehen.»

NOVEMBER

Von Anfang an ist da kein Ding.

HUI-NENG

NOVEMBER

Alle meine Sorgen und Nöte haben mich verlassen.
Glücklich spiele ich weit abseits der Welt.
Für einen, der Zen hat, gibt es keine Grenzen.
Den Himmel beschämt es womöglich, daß er so klein ist.

MUSO SOSEKI

NOVEMBER

Sechsundsechzigmal
sah ich den Wechsel zum Herbst.
Genug vom Mond geredet.
Bittet mich nicht um mehr.
Lauscht nur
Den Baumstimmen,
Wenn der Wind geht.

RYO-NEN

15

NOVEMBER

Reden ist Blasphemie, Schweigen ist Täuschung. Über beide hinaus führt ein Weg, doch mein Mund ist nicht groß genug, ihn zu weisen.

I-TUAN

16

NOVEMBER

Die Wirklichkeit des Geistes ist ohne bestimmte Formen. Sie durchtränkt alles. Im Auge wird sie Sehen. Im Ohr wird sie Hören. In der Nase wird sie Riechen. Im Mund wird sie Sprechen. In der Hand wird sie Berühren. In den Füßen wird sie Gehen. Alles ist ursprünglich das eine Licht des Geistes, das sich harmonisch auffächert. Der Geist hat keine bestimmte Form, und so wirkt er in jeder Form.

LIN-CHI

17

NOVEMBER

Eine sommerliche Baumgruppe.
Der Anblick des Meeres.
Ein bleicher Abendmond.

KOBORI ENSHIU

18

NOVEMBER

Es ist nicht zu beschreiben und gänzlich unaussprechlich, denn nichts in der Welt läßt sich damit vergleichen. Die Welt der unzähligen Sinnesobjekte schien jetzt völlig verwandelt. Was ich zuvor haßte, meine Leidenschaften und meine Verblendung eingeschlossen, erschien mir nun als Ausfluß meines innersten Wesens, welches stets licht und wahr und klar blieb.

EIN MEISTER SCHILDERT SEINE ERLEUCHTUNG

NOVEMBER

Der Weg hat nichts mit Wissen oder Nichtwissen zu tun.
Wissen ist nur Verblendung.
Nichtwissen ist lediglich inhaltloses Bewußtsein.

NAN-CH'ÜAN

NOVEMBER

Es gibt Gut, und es gibt Böse –
und das ist gut.
Es gibt Vollkommenheit, und es gibt Unvollkommenheit –
und das ist vollkommen.

T'AO-SHAN

NOVEMBER

Als der Buddha unter dem Bodhi-Baum Erleuchtung fand,
da lachte er.

THICH THIEN-AN

NOVEMBER

Ein Fuchs wandte sich an Meister Pai-chang und sagte: «Ich war einst ein Zen-Meister, und als einer meiner Schüler mich fragte, ob ein Erleuchteter noch dem Gesetz von Ursache und Wirkung unterliege, erwiderte ich: ‹Der Erleuchtete reitet auf den Wellen von Ursache und Wirkung.› Für diesen Fehler mußte ich fünfhundert Leben lang als Fuchs leben. Bitte verhelft mir zur Einsicht.» Pai-chang sagte: «Für den Erleuchteten gibt es nur die Welle von Ursache und Wirkung.» Diese Worte verhalfen dem Besucher zur Erleuchtung, und sein Fuchsdasein war zu Ende.

NOVEMBER

Verstehe die plötzliche Lehre,
und es bedarf keiner äußeren Schulung mehr.

HUI-NENG

NOVEMBER

Die in den taoistischen, konfuzianischen und buddhistischen Schriften dargelegten Lehren sind lediglich Kommentare zu dem spontanen Ausruf: «Ah, dies!»

DAIE

NOVEMBER

Wenn die Wißbegierigen dich fragen, was Es ist,
So behaupte nichts und verneine nichts.
Alles Behauptete ist nicht wahr,
Alles Verneinte ist nicht wahr.
Wie könnte einer sagen, was Es ist,
Wenn er Es nicht zutiefst erfahren hat?
Und falls er weiß, was für Briefe ließen sich aus einem Land
Senden, aus dem Worte keine Wege finden?
Auf ihre Fragen antworte daher mit Schweigen.
Nur mit Schweigen und einem deutenden Finger.

ZEN-GEDICHT

RÜCKKEHR
IN DIE WELT

Der letzte Schritt führt zurück in die Welt. Der Schüler, jetzt Meister, lebt ein gewöhnliches Leben unter gewöhnlichen Menschen, und alle Gegensätze sind in ihm ausgesöhnt. Er existiert, aber nicht als ein vom übrigen Leben gesondertes «Etwas». Er ist einfach eins mit allem. Er ist ein vollkommen natürlicher Mensch. Er sieht, daß alles vollkommen ist, so, wie es ist. Er sieht, daß alle Menschen, ob sie es wissen oder nicht, bereits erleuchtet sind – wie auch er es schon immer war. Er ist kein Meister mit besonderen Wunderkräften geworden, sondern einfach ein Zeuge des Fortgangs jenes größten Wunders, des Lebens selbst. Kuo-an Shih-yüan schreibt:

Barfuß und mit offenen Händen betrete ich den Marktplatz.
Meine Kleider mögen zerlumpt sein, doch ich lächle.
Ich brauche keine Wunderkräfte.
Vor meinen Augen erblühen die verdorrten Bäume.

Tausend Weise wüßten nicht, wer er ist. Die Schönheit seines Gartens ist dem Auge nicht sichtbar. Wozu die Spuren des Patriarchen suchen? Er kommt mit seiner leeren Weinflasche zum Markt und geht mit seinem Stab wieder heim. Er hat Umgang mit Trunkenbolden und Schlächtern, und jeder, den er sieht, wird erleuchtet.

NOVEMBER

NOVEMBER

Die Kaiserin Wu war von der Frage gefesselt, wie wohl die wesenhafte Einheit der Dinge mit der scheinbaren Vielfalt des Lebens zu vereinbaren sei. Sie ersuchte Fa-tsang, dies auf einfache, praktische Weise zu veranschaulichen. Fa-tsang stellte in einem leeren Raum des Palasts acht Spiegel in den acht Richtungen der Windrose auf. Einen weiteren Spiegel legte er auf den Boden, und einen befestigte er an der Decke. In die Raummitte hängte er eine Kerze und bat die Kaiserin herein. Dann zündete er die Kerze an, und der Raum erstrahlte im Glanz der gespiegelten Lichter. Die Schönheit des Anblicks erfüllte die Kaiserin mit ehrfürchtigem Staunen. «Seht Ihr, Majestät», sagte Fa-tsang, «das ist das Eine und die Vielen.»

Erleuchtung ist wie die Spiegelung des Mondes im Wasser. Der Mond wird nicht naß, das Wasser nicht unterbrochen.

HASHIDA

NOVEMBER

Die höchste Weisheit ist die Einheit der Dinge; das größte Mitgefühl ist die Vielfalt der Dinge.

D. T. SUZUKI

NOVEMBER

An der Leere zu haften und das Mitfühlen zu vernachlässigen führt nicht zur höchsten Verwirklichung. Nur Mitgefühl zu üben befreit nicht aus der Mühsal des Daseins. Wer aber in beiden stark ist, bleibt weder im Samsara noch im Nirvana.

ZEN-LEHRE

NOVEMBER

Weisheit und Mitgefühl sind nicht zu trennen.

CHRISTMAS HUMPHREYS

DEZEMBER

In der animalischen Lust wie im erhabensten Mitgefühl
und in allen Zwischentönen ist das Universum
vollkommen von Liebe-Spiel durchdrungen.

ALAN WATTS

DEZEMBER

Verstehen und Lieben sind nicht zu trennen.
Großes Verstehen kommt mit großer Liebe.

T'AO-SHAN

DEZEMBER

Solange du in dem einen oder dem anderen Extrem
bleibst, wirst du das Einssein nie erleben.

SENG-TS'AN

DEZEMBER

Die eine vollkommene Natur ist und wirkt
in allen Naturen.
Die eine Wirklichkeit enthält und umfängt
alle Wirklichkeiten.
Der eine Mond spiegelt sich in jedem Gewässer.
Jeder gespiegelte Mond ist der eine Mond.

YUNG-CHIA TA-SHIH

117

5

DEZEMBER

Hui-neng lehrte, daß das Nichtstun eine Wirklichkeit ist,
daß die Leere die Wahrheit ist und der Sinn der Dinge im
Weiten und Unbewegten zu finden ist. Er sah die mensch-
liche Natur als von Anfang bis Ende vollkommen gut und
keines unnatürlichen Jätens bedürftig, da sie im Grunde von
gelassener Klarheit ist.

INSCHRIFT AUF HUI-NENGS GRABSTEIN

6

DEZEMBER

Als Meister Tung-shan starb, wurde er von Ts'ao-shun,
seinem Nachfolger, gefragt: «Wohin geht Ihr?»
Der Meister antwortete: «Dahin, wo es unwandelbar ist.»
Ts'ao-shun fragte: «Wie geht Ihr dahin, wo es unwandelbar ist?»
Der Meister sagte: «Mein Gehen ist kein Wandel.»

7

DEZEMBER

Ich werde nicht sterben.
Ich gehe nirgendwohin.
Fragt mich einfach gar nichts.

IKKYU

8

DEZEMBER

Traditionellerweise schreiben Zen-Meister vor ihrem Tod
einen letzten Vers. Ein Meister, der im Sterben lag, hatte dies
bis dahin unterlassen, und seine Schüler drängten ihn dazu.
Bevor er seinen letzten Atemzug tat, nahm er schließlich
widerwillig den Pinsel und kritzelte:

Das Leben ist so.
Der Tod ist so.
Vers oder nicht Vers,
wozu so viel Aufhebens?

10

DEZEMBER

Augenblick für Augenblick
tritt alles aus dem Nichts hervor.
Das ist die wahre Freude des Lebens.

SHUNRYU SUZUKI

11

DEZEMBER

Auf seinem Sterbelager wurde der zeitgenössische Zen-Meister Shunryu Suzuki von einer Schülerin gefragt, wo sie sich wieder begegnen würden. Wortlos beschrieb er einen Kreis in der Luft.

12

DEZEMBER

Ein Blick nur auf den wahren Menschen,
und wir sind verliebt.

IKKYU

9

DEZEMBER

Frühlingsblüte.
Der Kuckuck in den Bergen.
Herbstlaub.
Das ist meine Hinterlassenschaft.

RYOKAN

13

DEZEMBER

Als Daito bei Kaiser Godaiga, einem Zen-Schüler, war, sagte er: «Vor Tausenden von Zeitaltern verloren wir einander aus den Augen, und doch waren wir keinen Augenblick getrennt. Wir sind uns nie begegnet, und doch sehen wir uns den ganzen Tag.»

14

DEZEMBER

An der Einheit festhalten heißt sie verfehlen.

TAO-WU

15

DEZEMBER

Mit all unserer Philosophie, mit unseren großartigen, hoch hinausstrebenden Ideen entgehen wir doch nicht unserem Leben, wie es ist. Auch Sternengucker gehen auf der festen Erde.

D. T. Suzuki

16

DEZEMBER

Das Eine umfängt Alles.
Alles geht im Einen auf.
Das Eine ist Alles.
Alles ist das Eine.
Das Eine durchdringt Alles.
Alles ist im Einen.

LEHRE DER KEGON-SCHULE

17

DEZEMBER

Eins und Alles – sie mischen sich
ununterscheidbar. Kann man dies realisieren,
wozu sich dann noch seiner Unvollkommenheit wegen
sorgen?

SENG-TS'AN

18

DEZEMBER

Jetzt. Das hier ist es.
Der ganze Sinn und Zweck der Existenz
von allem.

ALAN WATTS

121

DEZEMBER

Wie wunderbar!
Wie staunenswert!
Ich hole Wasser
und trage Holz!

P'ANG-YÜN

20

DEZEMBER

Zen öffnet dem Menschen die Augen für das größte Mysterium, das sich täglich und stündlich ereignet. Es macht das Herz weit und läßt es die Ewigkeit und Unendlichkeit mit jedem seiner Schläge umfangen. Es läßt uns in der Welt leben, als wandelten wir im Garten Eden.

D. T. SUZUKI

21

DEZEMBER

Der grenzenlose Himmel der Meditation.
Das klare Mondlicht der Weisheit.
Die Wahrheit als ewige Stille offenbart.
Diese Erde ist das reine Lotos-Land.
Dieser Körper ist der Leib des Buddha.

HAKUIN

22

DEZEMBER

Es ist ein wenig rätsclhaft, daß Menschen, die keinerlei Erleuchtungserfahrung gemacht haben, die Erleuchtung als etwas Wunderbares betrachten. Finden sie jedoch Erleuchtung, dann ist sie nichts. Verstehen Sie? Für eine Mutter ist es nichts Besonderes, Kinder zu haben.

SHUNRYU SUZUKI

23

DEZEMBER

Still am Fenster sitzen.
Blätter fallen, Blumen blühen.
Die Jahreszeiten kommen und gehen.
Könnte es ein besseres Leben geben?

ZEN-GEDICHT

24

DEZEMBER

Von Anfang an ist dir nichts vorenthalten worden. Was du zu sehen wünschtest, war allezeit direkt vor dir, nur du selbst hattest dich ihm verschlossen.

D. T. SUZUKI

25

DEZEMBER

Der Geist wird der Buddha, ohne sich von der Natur zu entfernen, mit der er bei der Geburt ins Dasein trat. Worum also wäre zu bitten?

SHEN-TS'ING

26

DEZEMBER

Schüler: *«Was ist Buddha?»*
Ma-tsu: *«Geist ist Buddha.»*

27

DEZEMBER

Sprache!
Der Weg ist nicht Worte.
Er kennt keine Vergangenheit,
keine Zukunft,
kein Jetzt.

SENG-TS'AN

28

DEZEMBER

Ein Buch über Zen hat etwas von einer
Detektivgeschichte, in der das letzte Kapitel fehlt.

ALAN WATTS

29

DEZEMBER

Schüler: *«Was ist Buddha?»*
Ma-tsu: *«Nicht-Geist ist Buddha.»*

30

DEZEMBER

Nicht dies, nicht das, nicht irgend etwas.

ZEN-LEHRE

31

DEZEMBER

Für einen Menschen ohne Einsicht
ist die Welt, wie sie ist.
Für einen Menschen mit Einsicht
ist die Welt, wie sie ist.

HSÜAN-SHA

GLOSSAR

Bodhi-Baum – Bodhi bedeutet «Erwachen» oder auch «vollkommene Erkenntnis». Unter dem Bodhi-Baum saß der Buddha meditierend, bis er Erleuchtung fand.

Bodhisattva – Ein Erwachter, der das Eingehen ins Nirvana aufschiebt, um anderen auf dem Pfad zur Erleuchtung behilflich sein zu können.

Buddha – Der Name für einen voll Erleuchteten, meist für den historischen Buddha Shakyamuni verwendet, der im sechsten und fünften vorchristlichen Jahrhundert lebte.

Buddha-Wesen – Das eigene Selbst, als von allem anderen nicht getrennt erlebt.

Dharma – Das «Gesetz» das das Universum regiert und auf dem alle Lebensprozesse beruhen. Auch die «Lehre des Buddha». Es kann auch die «Natur der Dinge» im allgemeinen oder das Wesen von etwas Bestimmtem gemeint sein.

Karma – Das Gesetz von Ursache und Wirkung, nach dem unser früheres Handeln unser weiteres Schicksal bestimmt.

Koan – Ein Wort oder Satz, als Meditationsgegenstand verwendet. Der Sinn des Koan ist für den Verstand nicht zu erfassen, und gerade das hilft dem Übenden, zu tieferen Bewußtseinsschichten durchzubrechen.

Nirvana – Vollkommene Befreiung vom Karma. Die Auslöschung des Ich und das tiefe Begreifen der Leerheit aller Formen des Getrenntseins.

Patriarch – So werden die Hauptgestalten des indischen Buddhismus, vor allem aber die des frühen chinesischen Zen bezeichnet.

Samsara – Die Welt der Erscheinungen und des stetigen Wandels. Die Illusion des Getrenntseins. Das Rad der Wiedergeburt, auf dem eine Seele bis zu ihrer Erleuchtung viele Geburten und Tode durchläuft.

Sanskrit – Die heilige Sprache des alten Indien.

Satori – Ein Bewußtseinszustand jenseits aller Dualitäten und Unterschiede, in dem alles eins ist. Das können flüchtige Einblicke sein, die erst nach Jahren der Reifung zu endgültiger Erleuchtung werden.

Sutras und Shastras – Die buddhistischen Schriften.

Taoismus – Die in China schon vor dem Buddhismus vorhandene Religion, von der die Entwicklung des Zen deutlich geprägt ist. Das Tao wird meist mit «Weg» übersetzt und ist in mancher Hinsicht dem buddhistischen Dharma vergleichbar.

Zazen – Zen-Meditation im Sitzen.